/ **100** 位

为新中国成立作出突出贡献的英雄模范人物/

陈延年

黄洁薇/编著

★

吉林出版集团 | 吉林文史出版社

图书在版编目（CIP）数据

陈延年 / 黄洁薇编著. -- 长春：吉林文史出版社，
2011.4（2024.5重印）
（100位为新中国成立作出突出贡献的英雄模范人物）
ISBN 978-7-5472-0554-9

Ⅰ. ①陈… Ⅱ. ①黄… Ⅲ. ①陈延年（1898～1927）－
生平事迹 Ⅳ. ①K827=6

中国版本图书馆CIP数据核字（2011）第050727号

陈延年

CHENYANNIAN

编著/ 黄洁薇

选题策划/ 王尔立　责任编辑/ 王尔立

装帧设计/ 韩璘

出版发行/ 吉林文史出版社

地址/ 长春市福祉大路5788号　邮编/ 130118

电话/ 0431-81629363　传真/ 0431-86037589

印刷/ 天津海德伟业印务有限公司

版次/ 2011年4月第1版 2024年5月第7次印刷

开本/ 640mm×920mm　1/16

印张/ 9　字数/ 100千

书号/ ISBN 978-7-5472-0554-9

定价/ 29.80元

《100位为新中国成立作出突出贡献的英雄模范人物》丛书

★★★★★

编 委 会

主 任　　张自强　高　磊

副主任　　王东炎　徐　潜　张　克　王尔立

编　委　　郭家宁　尚金州　龚自德　张菲洲

　　　　　张宇雷　褚当阳　丁龙嘉　孙硕夫

　　　　　李良明　闫勋才

100 位

为新中国成立作出突出贡献的英雄模范人物／

八女投江	于化虎	小叶丹	马本斋	马立训	方志敏
毛泽民	毛泽覃	王尔琢	王尽美	王克勤	王若飞
邓　萍	邓中夏	邓恩铭	韦拔群	冯　平	卢德铭
叶　挺	叶成焕	左　权	诺尔曼·白求恩		任常伦
关向应	刘老庄连	刘伯坚	刘志丹	刘胡兰	吉鸿昌
向警予	寻淮洲	戎冠秀	朱　瑞	江上青	江竹筠
许继慎	阮啸仙	何叔衡	佟麟阁	吴运铎	吴焕先
张太雷	张自忠	张学良	张思德	旷继勋	李　白
李　林	李大钊	李公朴	李兆麟	李硕勋	杨　殷
杨子荣	杨开慧	杨虎城	杨靖宇	杨闇公	萧楚女
苏兆征	邹韬奋	陈延年	陈树湘	陈嘉庚	陈潭秋
冼星海	周文雍、陈铁军夫妇		周逸群	明德英	林祥谦
罗亦农	罗忠毅	罗炳辉	郑律成	恽代英	段德昌
贺　英	赵一曼	赵世炎	赵尚志	赵博生	赵登禹
闻一多	埃德加·斯诺		夏明翰	格里戈里·库里申科	
狼牙山五壮士		聂　耳	郭俊卿	钱壮飞	黄公略
彭　湃	彭雪枫	董存瑞	董振堂	谢子长	鲁　迅
蔡和森	戴安澜	瞿秋白			

前 言

　　每个人的心中都多少有一点英雄情结，都向往英雄、景仰英雄。也正因此，在中华人民共和国建国六十周年之际，由中央十一部委联合组织开展的"100位为新中国成立作出突出贡献的英雄模范人物和100位新中国成立以来感动中国人物"的评选活动中，群众参与投票总数近一亿。这其中的每一张选票，都表达了人们对英雄模范的崇敬之情，寄托着对伟大祖国的美好祝福。

　　一个民族不能没有英雄，否则这个民族就不会强大。当国家危难之时，懦弱者选择了逃避、妥协甚至投降，英雄们却挺身而出，用热血捍卫民族的尊严，人民的幸福。在创立和建设新中国的伟大历程中，涌现出无数可歌可泣的英雄模范人物。他们之中，有为了民族独立和人民解放而英勇牺牲的革命先烈，有为了党和人民的事业而不懈奋斗的优秀共产党员，有在全民族抗战中顽强奋战、为国捐躯的爱国将士，有英勇杀敌的战斗英雄和革命群众，有积极从事进步活动的著名民主爱国人士和国际友人……他们是民族的脊梁、祖国的骄傲，是激励全体人民团结奋斗的精神力量。

　　《100位为新中国成立作出突出贡献的英雄模范人物传记》丛书，就像一部星光璀璨的英雄谱，真实、完整地记录了英雄模范人物不平凡的一生，再现了他们非凡的人格魅力和精神世界。"头颅可断腹可剖"的铁血将军杨靖宇，"毫不利己，专门利人"的白求恩，"抗战军人之魂"张自忠，"砍头不要紧"的夏明翰，"俯首甘为孺子牛"的文化斗士鲁迅……一串串闪光的名字，一个个动人的故事，犹如群星闪烁，光耀中华。

　　如今，战火已熄，硝烟已散，英雄已逝，我们沐浴在和平的幸福之中。在和平年代，人们不会忘记为今日的和平浴血奋战的英雄们，英雄的故事永远不会结束。让我们用英雄的故事唤醒我们心中的激情，为中华民族的伟大复兴而奋斗。

生平简介

陈延年（1898–1927），男，汉族，安徽省怀宁县人，中共党员。

陈延年 1915 年考入上海法语补习学校专攻法文，1917 年考入震旦大学攻读法科。1919 年 12 月下旬，赴法国勤工俭学。1922 年 6 月，与赵世炎、周恩来一起创建旅欧共产主义组织——中国少年共产党，并担任宣传部长。同年秋，加入法国共产党，不久转为中国共产党党员。1924 年 10 月，陈延年赴广州工作，先后任社会主义青年团中央驻粤特派员、中共广东区委书记等职，协助周恩来工作。1925 年 6 月，和邓中夏、苏兆征等人领导了震惊中外的省港大罢工。1927 年 4 月，接任中共江浙区委书记。同月，中共第五次全国代表大会选他为中央委员。1927 年 6 月，中共中央撤销江浙区委，分别成立江苏省委和浙江省委，陈延年任中共江苏省委书记。6 月 26 日，遭国民党军警逮捕。敌人为了得到上海中共党组织的秘密，对他用尽酷刑，但他宁死不屈。1927 年 7 月 4 日晚，国民党反动军警将他押赴刑场。面对敌人的屠刀，他昂首挺胸，视死如归。敌人令他跪下，他巍然屹立，毫不理会。几个敌人强把他按下去。但敌人刚一松手，他便一跃而起。敌人恼羞成怒，再一次将他强按在地，以乱刀残忍地将他砍死，牺牲时年仅 29 岁。

1898-1927
[CHENYANNIAN]

◄ 陈延年

目 录 MULU

为何称他为"广东王"（代序）

　　陈延年曾担任中共广东区委书记，虽然由于工作性质关系，陈延年是不大露面的，外界人士起初认识他的并不多，但正是他，能把党的工作搞得震天撼地，使广东的党组织从几十名党员发展到几千名，并领导百万工农群众，令人民欢欣鼓舞，令敌人胆战心惊，因而他的名字也渐渐传开。他的名字，像磁石一样，把人们吸引住，并把它当做传奇人物传开。

　　毛泽东曾称赞陈延年说："在中国，本来各种人才都很缺乏，特别是 CP 党内，因为 CP 的历史根本没有几年，所以人才就更缺乏。像延年，的确是不可多得的人才。在许多地方，我看出了他的天才。"

　　周恩来也称赞陈延年说："广东的党团结得很好，党内生活也搞得好，延年在这方面的贡献是很大的。"

　　董必武称赞陈延年是"党内不可多得的政治家"。

　　鲁迅先生称陈延年为"老仁侄"，并大赞："后生可畏，青出于蓝胜于蓝，中国大有希望！"

　　一个名叫筱林的人在 30 年代写的文章中称陈延年是"共产党中的'两广王'"。

　　在领导省港大罢工中，陈延年充分显示出聪明的才干，果敢坚定，始终战斗在第一线，赢得人们的敬佩和爱戴。然而，敌人及帝国主义者对他却是咬牙切齿地咒骂，甚至不惜一切手段对他进行诋毁。英帝国主义侦知陈延年是中共在南方的领导人，又是省港大罢工的领导者和组织者。有英帝国主义御用文人因延年脸部有细微的疙瘩，就以麻子称之，并写成传奇小说，对他大肆诋毁和嘲笑。陈延年对此嗤之以鼻，不屑一顾，当别人将传奇小说送到他手中时，他却视之如"宝"，幽默地说："奇文供欣赏，感谢英大人给鄙人扬名了……"

吴稚晖提起陈延年，不忘当年在法国巴黎被延年兄弟俩的厉声责骂，总咬牙切齿地说："陈延年那个熊样子，哪里算得上共产党领导人，简直是黄包车夫！"吴稚晖在延年抛弃无政府主义加入共产党后，就曾咒骂"陈延年非杀不可"，当他得知延年被捕消息，大喜若狂，立即写贺信给上海警备司令杨虎，在信中大骂陈延年"恃智肆恶，过于其父百倍"，竭力催促杨虎立即杀害陈延年。蒋介石得知陈延年被捕立即电告杨虎，说："此子之恶，胜过其父十倍，立即斩首严惩！"这表明共产党的敌人也不敢小看陈延年。

国民党反动文人周福珍曾抱着反动观点写道："广东区委的书记是陈独秀的大儿子陈延年，他负有两广共党总责任，声势煊赫，不啻南面王也（延年有两广王之称）。"

由于陈延年才能了得，英明神勇，最难得的是，无论朋友或敌人，都有将其称作"广东王"。故此，被称为英勇"广东王"，陈延年是当之无愧的。

现今的太平盛世，是用英雄鲜血换来的，因此我们要怀念为和平而战的英雄。借着陈延年生前最要好的朋友汪原放的一首小诗，以表达对陈延年烈士的思念和敬仰：

枫林桥畔待车时，磊落英姿仔细思；

血肉欲寻何处是？斑斑点点在红旗！

书香世家出英才

(1898-1917)

➜ 立志革命

★★★★★

　　陈延年的故乡安徽省安庆历史悠久，人文荟萃，是国家历史文化名城。东周时期安庆是古皖国所在地，安徽省简称"皖"即由此而来。南宋绍兴十七年（1147年）改舒州德庆军为舒州安庆军，"安庆"自此得名。安庆城始建于公元1217年，至今已有近八百年的历史。

　　1898年，陈延年就出生在怀宁县南水关的一个书香世家。祖父陈衍中，字象五，优廪贡生，一生主要以教书为业，早年病逝。父亲陈独秀，族名庆同，官名乾生，字仲甫。陈独秀2岁时，其父亲病逝，于是过继给叔父陈昔凡为嗣子。陈昔凡，名衍庶，是清光绪元年的恩科举人，曾在奉天（今辽宁省）

△ 安庆南水关陈延年故居

做过县官、州官。父亲陈独秀，才华出众，年轻时就受到西方民主主义思想的影响，背弃了自己的封建家庭，从事革命活动，是五四运动著名的领导人和中国共产党的创始人。他年长后，由其母亲做主与霍邱县副将高登科的长女高晓岚（即陈延年母亲）结婚。高晓岚生有子女五人，陈延年排行第一，二弟陈乔年，三弟陈松年，妹陈筱秀（玉莹），另一妹幼年即殇。高晓岚因自幼受继母虐待，虽是出身于将门之女却目不识丁，思想守旧，与陈独秀的思想截然不同，夫妻之间思想感情不和。陈独秀早年离开家庭从事革命活动，童年和少年时代的陈延年一直生活在母亲高晓岚的身边，与终日在外奔波的父亲陈独秀见面机会甚少，母亲又免不了要对自己的孩子讲起她对父亲的种种不满，从而影响陈延年。尤其是在陈延年懂事之后，父亲正好又将自己的母亲遗弃而同小姨高君曼结合，因此他不可能不对自己的父亲产生怨恨之情。

1904 年，陈延年 6 岁入私塾读书，1910 年他 12 岁才进新式学堂安庆尚志小学，不久，转入全皖中学，开始接触近代科学知识，眼界为之大开。

其三弟陈松年回忆时说过："陈延年的个子不高，浓眉大眼，皮肤粗黑，看上去根本不像一个读书人。但是人不可以貌相，陈延年读书不但用功而且头脑聪明，记忆力极强。读起书来日夜不停，好像着了迷一样，他不但将先生教的书背得滚瓜烂熟，而且想方设法借更多的书来看。他们家有一个邻居名叫汪洋先生的，家里藏书很多，延年小的时候便经常到他家去借书，借回来就坐在书房里看。他还经常到江边的迎江寺，同迎江寺的一个和尚关系很好。他之所以同这个和尚谈得来，主要是因为和尚的知识渊博。"陈延年聪颖好学，求知欲极强，几年内读了许多经史典籍，在国学方面有较深的造诣。他的文章也写得很好，安庆一些看过他文章的老先生都很惋惜地讲："可惜现在科举废了，否则延年必能考中。"

陈延年在安庆读书时，曾约弟弟陈松年和好友程演等到迎江寺游玩，观看和尚们举行"大道场"的宗教仪式活动，自此认识了迎江寺主持月霞和尚。他知道月霞原是革命党人，后遁迹空门，遂常与月霞接近，听他评古论今，受到不少启发，决心以革命党人为学习的榜样。

陈延年虽然出身于封建官僚家庭，条件优越。然而，1913年发生的一件事打破了这种看似优越平静的局面。1911年辛亥革命后，陈独秀在安庆担任都督府秘书长。1913年春，时任临时大总统的袁世凯派人刺杀了著名的国民党人宋教仁。孙中山等人便发动了以讨袁为宗旨的二次革命。在陈独秀的支持下，柏文蔚也宣布安徽独立并兴兵讨袁。然而，由于力量悬殊和革命派本身的许多弱点，二次革命很快就失败了。袁世凯派倪嗣冲进攻安庆，捉拿柏文蔚和陈独秀等人。但是柏文蔚、陈独秀已逃往上海，后亡命日本。倪嗣冲未能抓到他们，就对陈独秀在安庆的家人进行迫害。当时陈独秀的嗣父昔凡公刚刚去世，灵柩还停在家里。倪嗣冲便将其魔爪伸向他的两个尚未成年的儿子延年和乔年，并扬言要"斩草除根"。幸好陈家事先得到了消息，让延年和乔年从衍庶灵柩边溜出后门，连夜跑到乡下躲避，才免遭毒手。三天后家人将他们接回怀宁乡中。

　　此事发生时，陈延年刚满15岁。他当时虽然还不懂得什么是政治，什么是革命，但这场劫难的风波，使他深刻地体会到封建军阀的野蛮与残暴，对他的思想产生了很大的影响，在他幼小的心灵上种下了反抗和革命的种子。在痛恨黑暗旧社会的同时，他读了中国历史上许多英烈传记，受到岳飞、文天祥等民族英雄事迹激励，从而萌发了改造社会的志向和追求新思想的抱负。

延年和乔年在乡间躲了一段时间，在风声过去之后又回到了安庆。尽管倪嗣冲暂时放松了对陈家的迫害，但陈家并未因此而获得真正的安全感。祖母谢氏和母亲高晓岚本想把延年、乔年兄弟俩留在家乡继承祖业的，但自从发生了这次迫害事件，她们逐渐意识到，把兄弟俩留在家中并不安全，说不定哪一天灾祸又会降临。至于陈延年本人，随着年龄的增长，他越来越感到，在安庆这个偏僻的地方，已经学不到更多的知识了。因此，像当年的父亲一样，他也越来越渴望外出求学。

→ 自创前途

　　陈延年的志向不但得到了祖母和母亲的默许，也得到了父亲的支持。1915年夏，陈独秀刚从日本返回上海，便得知延年、乔年兄弟俩想出来读书的消息。也许他意识到了做父亲的责任，也许他也感到儿子已经长大，应当让他们出来闯一闯了，因此陈独秀对延年兄弟俩的想法表示赞成，并让他们立即到上海来。1915年，17岁的陈延年带着二弟乔年，辞别母亲和祖母，离开家乡到上海求学。从此，他们的生活揭开了新的一页。

　　此时，陈独秀和他的第二个夫人高君曼带着两个年幼的孩子住在上海。延年、乔年兄弟俩初到上海时，一度也同父亲住在一起。他们先是入法国巡捕房附设的法语补习班学

△ 陈延年父亲陈独秀

习法文，因学习勤奋，获得"法文极佳"的赞誉。
1917年，兄弟双双考入上海法租界的震旦大学，
他们就从父亲住处搬出，寄宿于《新青年》杂志
发行所（上海四马路亚东图书馆）店堂地板上，
白天在外工作，谋生自给，晚上则去法国巡捕房
附设的法语学校，学习法文，过着半工半读的生
活。

陈独秀的第二任妻子也是陈延年的姨母高
君曼很关心延年兄弟俩，曾力劝陈独秀让他们在
家吃住，但陈独秀总不以为然。高君曼还为此请

陈独秀的朋友潘赞化向他进言。陈独秀却对潘赞化说："妇人之仁，徒贼子弟，虽是善意，发生恶果，少年人生，听他自创前途可也。"事实上，尽管陈独秀知道延年兄弟对自己有怨恨之情，他对自己的孩子仍是十分爱护的，他更重视让子女经受风浪的锻炼，更支持子女们在艰难困苦中自创前程。

更有趣的是，陈氏父子虽在感情上有隔阂，却在如何成长的问题上表现出惊人的一致。延年兄弟俩也养成类似乃父的倔强个性，总是"自找苦吃"，甘心在艰苦环境中磨炼自己，而不愿躺在父母的身上享福。小小年纪如此好强，确是少有的。

1916 年，陈独秀应蔡元培的邀请，到北京任北京大学文科学长，同时将《新青年》杂志迁到北京继续出版。陈延年对父亲往北京工作"极不以为然"，认为他是去作"旧官僚"矣。陈独秀与陈延年的父子关系，引起了人们的议论，认为他们"父子各独立，不相谋也"。

陈延年兄弟到上海之后，不管是否与父亲住在一起，陈独秀总要负担他们的生活费。但是由于陈独秀把主要精力放在事业上，对钱财之事不甚重视，他当时虽然已是闻名全国的大人物，收入却不多，加之负担较重，他自己的生活并不宽裕。因此，他每月给陈延年兄弟俩的钱为数甚少，只能维持他们最低的生活水平。陈独秀离上海前，托亚东图书馆在他的稿费中每月支付 10 元给延年、乔年作生活费。他们用此款交纳了学费和购置必要的书籍、文具后，便所剩无几了。因此，为了节省开支，他们两兄弟"食则侉饼，饮则自来水，冬仍衣夹，夏不张盖，日与工人同做工"，由于生活艰苦，"故颜色憔枯，人多惜之"。有一次，北风大作，气候寒冷，路旁电灯昏濛不明，衣服单薄的陈延年在街上徘徊，被潘赞化看到，请他到自己寓所穿衣，他婉言谢绝了。当天气炎热，别人已穿单衣绸衫时，陈延年还是披着一件又旧又脏、纽扣也不齐全的夹呢袍。

对于陈延年兄弟俩的生活状况，旁人都以为太苦，常常表示出怜悯之意，但陈延年却认为，艰苦的生活对自己也是很好的磨炼。说得更准确一点，是甘愿如此。陈延年的祖母每年到上海清查她经营的金铺账目时，总要派人四出寻找延年、乔年。当她看到兄弟俩衣着破旧，脸色憔悴时，不禁伤心落泪，定要给他们添置衣服，送生活费。陈延年总是不肯多要祖母的钱。延年兄弟俩本可以过上优越的生活，但他们与那些只知吃喝玩乐的纨绔子弟不同，不愿依赖家庭，决意锻炼自立的能力。

显然，延年兄弟俩并非苦行僧，而是有意识地要在艰苦环境中磨炼自己。中国古代的思想家孟子说过："天将降大任于斯人也，必先苦其心志，劳其筋骨，饿其体肤，空乏其身，行拂乱其所为，所以动心忍性，增益其所不能。"看来，孟子的思想对兄弟俩，特别是对陈延年的影响是很大的。

人生新里程

(1918—1920)

→ 接受新思想

★★★★★

（20—21岁）

　　陈延年在上海生活、求学的那几年，正值中国的思想界发生前所未有的大变动。各种思潮随着新文化运动兴起而广为传播。无政府主义传播比较早，它主张个人绝对自由，不要政府，对一些不满和反抗反动统治的知识分子颇有影响。当时胸怀巨大抱负、热诚探求救国真理而又年轻的陈延年，还缺乏识别真理和谬误的能力，认为无政府主义主张最激进、最彻底，因而参加了无政府主义组织。到1919年五四运动爆发前后，他已成为一个颇有名气的无政府主义者，并结识了中国其他几个著名的无政府主义的信徒，如吴稚晖、黄凌霜、郑佩刚等人，将他们称为亲密的"同志"，与他们交往甚密。

中国的无政府主义小团体由于没有严密的组织和统一的领导，在北洋军阀政府的压迫下，处于瓦解边缘。许多宣传无政府主义的刊物，如民声社的《民声》、实社的《自由录》、平社的《太平》、群社的《人群》等刊物相继在 1918 年停刊。陈延年、黄凌霜、郑佩刚等人发起，将上述四团体合并，于 1919 年 1 月成立进化社，社址设在上海。进化社标榜其宗旨是"介绍科学真理，传播人道主义"，它宣传的主要内容是克鲁泡特金的互助论，宣扬互助是进化的要素，提倡"各尽所能，各取所需"的无政府、无私产、自由平等的互助生活，反对马克思主义阶级斗争学说。进化社决定编辑《进化丛书》"选译近代西方先觉之长篇名著每年若干编"并于同年 1 月 20 日出版《进化》月刊，扩大宣传。

陈延年等人轮流主编，郑佩刚负责印刷和发行，黄凌霜则是主要撰稿人之一。陈延年以"人"的笔名，在《进化》第一、二期上发表过两篇《编辑余话》，又在第三期上发表《为什么我们要发刊"师复纪念号"》一文。陈延年是尊崇刘师复的，在《进化》上撰文宣扬刘师复反对旧文化、旧传统的精神，指出："千幸万幸，有个师复先生，不但不来发挥支那（"支那"是古代印度对古代中国的称呼）文明的特色，反而拼着一腔热血，偏要和支那文明的特色做冤家对头，把他压倒，一阵子支那文明的特色，给他脱了胎，换了骨，变成个不三不四、非牛非马的怪物。"

进化社的成立和出版《进化》，是企图通过宣传，扩大无政府主义者队伍的力量。但在革命的洪流冲击以及军阀政府的残暴统治下,《进化》的命运与其他无政府主义刊物一样是短命的,仅出版了三期,便于1919年5月被军阀政府查禁了。上海英巡捕房还追捕《进化》的发行人。5月初,郑佩刚到上海成都路的一间小楼找到陈延年,陈延年告诉他说,出售《进化》的"泰东书局老板赵南公、亚东书局老板汪孟邹都给英巡捕房捕去,此刻巡捕房正派人到处侦缉你"。郑佩刚离开陈延年寓所,走到宝昌里《救国日报》社门前,就被巡捕逮捕了。在恶劣的环境中,陈延年担当起处理《进化》杂志的善后工作,曾秘密刻印了一期《进化》。郑佩刚入狱后,陈延年负责照料其亲属。

在五四爱国运动中,陈延年深受教育,思想迅速提高,赞扬五四运动"含有无产阶级斗争之意义",主张奋起反抗,要人们"拿一副极坚强的奋斗精神反抗恶社会",强调革命必须"排患御困,勇往直前",即使"进了黑房子(是指监狱),上了断头台"也在所不惜。由此说明,他在寻求真理的漫长道路上走了一段弯路后,走上了正确的革命道路。

陈独秀在北京因参加五四运动而被捕,潘赞化问陈延年怕不怕,陈延年回答说:"既做不怕，怕则不做，况这次学潮，含有无产阶级斗争之意义，千古未有，在空前复杂情况下，危险乃意中事，亦分内事，志士仁人，求此机会作光荣之牺牲而不可得，有何恐怖之可言？"陈延年虽然信仰无政府主义，但是思想倾向是进步的。五四运动后，国内许多从事新文化运动者，都齐集于上海。戴季陶、沈定一、胡汉民等人在上海办的《建设日报》影响日盛。陈延年、陈乔年和李章达等在《建设日报》社协助工作，从事新文化宣传。

→ 留法勤工俭学

★★★★★

（22岁）

自清朝末年，废止科举，兴办新学，但新学为数很少，失学的贫苦青年不易找到职业，对前途感到茫然。辛亥革命后，军阀四起，政治局面仍然动荡不安，许多有志青年，深

015

人生新里程

感国事日非，极需变法图强，希望学习外国的先进技术和管理方法。当时能出国留学的，多是政府选派的官僚士绅的子弟。五四运动后，大批青年特别是一些较低层的穷学生决心自筹路费，到国外寻求知识，于是到国外勤工俭学的青年日趋增多。

第一次世界大战以后，法国虽为战胜国，但国力损失巨大，尤其是人口锐减，社会劳动力与国家生产之需要不符甚巨。中国为世界有名的人口众多的国家，在中法两利的情况下，蔡元培等人倡导留法勤工俭学运动，中国各大城市的大中学生响应者甚众。随着出国人数增多，蔡元培、吴稚晖等人在1915年6月创办了以"勤于工作，俭以求学，以进劳动者之智识"为宗旨的华法勤工俭学会。其目的是让有志学习而家境贫困的青年出国半工半读，一面工作，一面学习，以工资收入支付学习和生活费用，此举受到广大青年的欢迎。

陈延年兄弟本来学的就是法文，自然也被留法勤工俭学的倡议所吸引。为了丰富自己的学识，继续寻求革命真理，他在震旦大学还没有毕业，就决定和弟弟乔年一同前往法国勤工俭学。

△ 陈延年与陈乔年

但碍于无力筹集旅费，他们只好托吴稚晖解决。吴稚晖与陈独秀是挚友，又与陈延年曾同是无政府主义团体的成员，极力向勤工俭学会推荐陈延年兄弟。1919 年 11 月 23 日，吴稚晖写信给上海留法勤工俭学会执事沈仲俊，请他协助解决陈延年、陈乔年等四人赴法的旅费问题。吴稚晖在信中称赞陈延年说："陈先生昆仲为陈独秀先生之令嗣，志行为弟等所敬佩；李先生、叶先生则其至友，惟四位俭学之费皆从逐渐筹措，不能骤集四百元以合新例。""况此四位在石曾先生亦素佩其人"，希望仲俊"大力设法为之招待，俾得早日成行"。12月27日，吴稚晖再写信给沈仲俊，提出："风君倩影、陈延年等……诸君系以党人（指无政府主义党）资格漫游世界"，要求沈仲俊为陈延年"诸君觅得船位西行"，与此同时，他又致函法国同人，请他们给陈延年等人"以友谊的招待"。

吴稚晖当时已是社会名人，他出面说话，对陈延年兄弟俩顺利地办好赴法手续显然起了重要作用。从这封推荐信中可以看出，吴稚晖对于同是无政府主义者的陈延年、陈乔年兄弟是十分欣赏和器重的。

经吴稚晖多方周旋，1919年年底，陈延年等终于如愿以偿，办好了赴法手续。1920年1月间，他和弟弟乔年，还有其他赴法的青年学子，同乘一艘法国邮船从上海起航，途经香港、海防、西贡、新加坡、吉隆坡，吉布提、苏伊士运河、塞得港，经过四十多天的航行，抵达法国马赛港，然后在马赛再转乘火车抵达巴黎，此时已是1920年2月3日。

满腔热情投革命

(1921-1923)

→ 思想新飞跃

在华法教育会资助下，陈延年两兄弟进入巴黎大学附设的阿里雍斯学校学习。该校按学生文化程度编班，学期长短亦视学生的程度而定，每天上课四小时，学习课程有文学、历史、地理、法国文明史等。学费每季收250法郎，教员均是巴黎大学教授兼任。陈延年的计划是先在阿里雍斯学校作短期学习，然后在10月间或明年投考巴黎大学所设之班学习。

陈延年初到巴黎时，是下决心利用巴黎大学的优越条件认真接受一点系统教育，多学一点新知识的。为了坚持学业，他尽可能过艰苦的生活，以节省费用。他们在凯旋门附近的哥伯凡街32号，以每月120个法郎租了一间房子居住，利用房内原有的煤气炉自己做饭，吃的大都是白水煮土豆，有时吃面包没有菜，用白开水送。同时，他还要利用课余时间去打工，以补学费、生活费之不足。但尽管如此，据其他勤工俭学学生回忆，没过多久，陈延年就因经费不够而无法继续在巴黎大学的学业，就改用一面做工、一面自学的方法，其处境之艰苦可想而知。

陈延年到法国后，对无政府主义的信仰仍很坚定。他不但经常与法国籍和勤工俭学学生中的无政府主义"同志"交流，还与国内无政府主义者郑佩刚、黄凌霜等保持书信联系。有一次，华法教育会派陈延年到码头迎接刚到巴黎的陈公培等留学生。他看了陈公培带来的陈独秀劝他脱离无政府主义转向马克思主义的信，激愤地说："独秀那个人，你别理他。"流露了其对陈独秀"筹备组织共产党一事，表示不满"的情绪。

但是慢慢地，在陈延年的思想中已逐渐萌发出对无政府主义"同志"的某种不满和失望。在巴黎，他写给友人雄东（即丁肇青）的那封信中，他毫不掩饰地表露了这种情绪。他写道：

留学生大都无头脑，华法教育会中人即号称"同志"者，也是如此。谈科学尽说些工业农业的门面语，至于科学自身的真价值及其特殊的方法，似乎一无所知，一无所研究。做文章给华工看，竟有抄"新生活"的老文章，此等人知识，大概都不出李石曾知识范围以外，取法乎上仅得乎中，彼辈头脑实在还不及李石曾明白。学生中尚有如此妄人，不说"是胡某思想好，我与他通过信"，就说是"陈某真不错，我的朋友与他相好，我也曾见过他"，你相信有如此妄人么？我也不相信，但是我的眼和耳令我不能不信，且传载华字报，播为笑谈。我劝兄等在国内勿过于失望，到海外来，耳所闻目所见，更有令人失望者。

写这封信时，陈延年尚没有改变他对无政府主义的信仰，但他见到一些勤工俭学学生只会夸夸其谈而不刻苦学习，十分反感。信中无情地鞭挞了这些镀金者，还批评一些勤工俭学生缺乏独立见解，盲目崇拜胡适和陈独秀，通过这封信，可以看出陈延年那种独立思考，不盲从"名人"和"权威"，只服从"真理"的精神是十分突出的。正如他的朋友丁肇青接到陈延年的信后，认为此信可帮助准备赴法的学生了解赴法勤工俭学的状况，特在《北京大学日刊》上发表，并写了《附识》，高度评价陈延年：他是个诚实的人，只知道真理，不知道什么叫"崇拜"，什么叫"偶像"，所以他的话都是很直率的，都是由他精密的观察由良心上发出来的，望大家不要误会他久已存有反对某人或某派的心思。——他信中所说的胡某就是胡适之先生，陈某就是他父亲陈独秀先生……

当时，在留法勤工俭学的中国学生中，不乏意气风发、努力研究和探索救国救民道路者，他们按各自不同的信仰组成不同社团，常常为一些社会问题引起争论。蔡和森、赵世炎、周恩来等人活跃在勤工俭学学生中，积极传播马克思主义理论。在一次讨论会上，蔡和森提出，走俄国十月革命的道路是救中国的唯一出路，陈延年听后大受启发，从此开始阅读马克思主义著作，对马克思主义逐步有所了解。对比之下，他对无政府主义的怀疑日益加深。然而，使他的信仰发生根本动摇的，还是实际斗争的启示。而当年在留法勤工俭学的学生中发生的三次重大的斗争，对促进陈延年思想的转变起了关键作用。

第一次是1921年的二·二八运动。1920年下半年起，由于经济萧条，失业风潮遍及整个法国，勤工俭学学生陷入了求工不得、欲学不能、生活无靠的困境。很多人只得走到华法教育会睡地板、住帐篷，吃一些土豆充饥，因长期营养不良又无钱看病，两年内病死六十余人。

当时，华法教育会会长蔡元培到欧洲，说华法教育会"亏竭已极，万难为继"。宣布今后"华法教育会对于俭学生及勤工俭学生，脱卸一切经济上之责任，只负精神上之援助"。中国驻法公使陈箓还根据北京政府关于将无力自给者分别遣送回国的指令，要把没有工作的勤工俭学学生遣送回国。通告公布后，各地勤工俭学学生非常愤怒，他们纷纷派代表到巴黎商讨对策。

李维汉、赵世炎等在巴黎组织了"工学世界

社"，邀集各地代表于2月27日在巴黎大咖啡馆开了一次留法勤工俭学学生代表大会，提出争取"生存权、求学权"的口号。一致通过了要求中国驻法公使馆、领事馆、留学监督处、华法教育会四机关，在留法勤工俭学学生未有升学或尚未找到工作前，须负责找工及入学一切责任等五项决议，要求上述四机关代向政府请发津贴，每人每月400方（法郎单位）。但北京政府拒绝了他们的要求，于是就爆发了同驻法公使陈箓进行斗争的二·二八运动。2月28日，四百多名勤工俭学学生蜂拥到公使馆静坐示威，28日晚，法国警察在中国驻法公使陈箓的指使下到场镇压，拘捕了大批学生，运动最终失败。

二·二八运动后，为了团结更广泛的勤工俭学学生，在赵世炎、李立三等人的倡议下，成立了一个群众性的勤工俭学学会，并明确地提出了"要革命"的口号。不久，在当时法国的三千多勤工俭学学生中绝大部分报名参加，李立三回忆道："若飞、延年、乔年等都参加了。"

第二次是反对北洋政府向法国借款打内战的斗争。1921年7月北洋军阀政府派朱启钤等到巴黎，以出卖国家印花税、验契税和滇渝铁路修筑权为条件作抵押，向法国政府借款购买军火打内战，并以借款救灾名义欺骗群众。巴黎的勤工俭学学生获悉内情，首先奋起反对。在法国的十多万华工完全支持勤工俭学学生的正义行动。华工会、中国留法学生联合会、国际和平促进会、亚东问题研究会、旅法新闻记者团等团体先后集会抗议，阻止借款。当两国政府的代表将要达成借款协议的消息传开的时候，留法勤工俭学学生和华工群起包围了中国驻法公使馆，散发传单。警告中国政府代表的借款活动"若不早日中止，必以相当手段对待"。又说："若借款成功，便插翅也难飞出法国。"在群情激昂的反对声中，法国政府害怕事态扩大后不好收拾，被迫宣布暂缓贷款。反借款斗争的胜利，使勤工俭学生和华工受到很大鼓舞。

第三次是进占中法里昂大学的斗争。自二·二八运动后，一部分勤工俭学生得到了少许的生活维持费，但仍然无法维持最低生活。可是在拒借款斗争后，连这点极少的"维持费"也被陈篆取消了，使得近千名在法勤工俭学生濒临绝境。同年夏末，华法教育会吴稚晖领取了法国退回的部分庚子赔款，在法国里昂的旧炮台遗址筹建中法里昂大学，声言要解决在法的勤工俭学生的入学问题，勤工俭学生都以为有了一线生机。可是中法里昂大学成立后，吴稚晖却食言，他暗中与北京政府磋商，在国内另招了一百多名北京政府官员以及有钱有势的地主、资本家的子弟入学，而真正的在法勤工俭学的穷学生，却一个也

满腔热情投革命

不接收，这就激起了勤工俭学生极大义愤。当中国驻法公使馆设立的少年监护委员会宣布自9月15日起停发勤工俭学生的维持费时，一场争回里昂大学的斗争爆发了。9月17日，留法勤工俭学生各地代表在巴黎举行会议，一致通过争回里昂大学的决议。

9月20日晚，因听闻吴稚晖从国内招来的一百多名学生即将抵达巴黎入学的消息，一千多名从各地来的勤工俭学生赶到里昂，组成"先发队"闯入学校，占领了里昂大学。后来，吴稚晖、李石曾与法国政府勾结，派出二百多名武装警察，将占驻里昂大学的学生拘捕。法国政府在中国驻法公使的授意下，将为首的李立三、蔡和森、陈毅等104人于10月间押送马赛，强行遣送回中国。从此，勤工俭学生完全放弃了对华法教育会的依赖，走上了独立自主的斗争道路。

1921年秋，陈延年、陈乔年与华林、李卓、李合林（鹤龄）等人发起，在巴黎成立了工余社，与吴稚晖、李石曾和驻法公使陈箓进行斗争。1922年1月15日工余社的机关刊物《工余》杂志创刊，由陈延年负责编辑，该刊在国内外发行。陈延年主编的《工余》虽然仍有无政府主义观点，但它在勤工俭学生运动消沉时进行暴力革命的宣传，起到了一定积极影响。

1921年勤工俭学生的三次斗争的经验教训，使陈延年、李合林等一些无政府主义者认为只有武力斗争才有出路。1922年3月20日发生了李合林枪击陈箓未遂、自请入狱的事件。李合

△ 周恩来同中国社会主义青年团旅法支部成员在巴黎合影。包括：李富春（前排右四）、聂荣臻（前排左一）、邓小平（后排右三）、穆青（后排左一）。前排左四为周恩来。

林是陈延年的朋友，又曾同为工余社的成员。他痛感无政府主义不能挽救国家民族于危亡，毅然抛弃无政府主义的主张，采取激烈的武力行动，这对陈延年、陈乔年产生了重大影响。陈延年编辑的《工余》杂志，亦发表主张进行暴力行动的文章。当他逐渐认识到无政府主义的欺骗性，于是抛弃了无政府主义观点，断绝了与无政府主义者的来往，毅然决定与广大勤工俭学生站在一起，同吴稚晖、李石曾之流作斗争，彻底与无政府主义决裂。陈公培说："这次运动，则使他们（无政府主义者）起了分化。陈延年、陈乔年等在斗争中认识了吴稚晖的面目，从此脱离了无政府主义。"

旅欧的中国共产主义者十分关注陈延年、陈乔年等人的思想转变，他们满腔热忱纷纷起来做争取工作。赵世炎曾两次写信给国内与陈延年有交往的陈公培，提出设法争取陈延年、陈乔年兄弟，指出："李合林事后，安那其（指无政府主义者）朋友奋然而起。但以我观察，有一部分之安那其倾向颇变。其最著者为大陈（指陈延年），趋向极为可爱，近日他们所出的《工余》杂志，竟高呼暗杀……革命……气魄可钦，惜我与二陈均无接洽，你可否速来一信，与之问讯，且探其动静。"

在赵世炎、周恩来、陈公培等人热情帮助下，陈延年兄弟终于辨明真理，脱离了无政府主义，转为共产主义的坚强战士。事后聂荣臻在他的回忆录中说："由于恩来的领导和大家的努力，到 1923 年底，我们终于瓦解了无政府主义派，其中一部分还转到了马克思主义方面，像陈延年、陈乔年同志的转变，就是典型的例子。"由无政府主义者转变为马克思主义者，这标志着陈延年，还有他的弟弟陈乔年，在人生旅途上经历了一次质的飞跃。兄弟俩与他们的父亲陈独秀虽然一度走上了不同的道路，但最后却殊途同归，终于又走到一起来了。

→ 旅欧中国少年共产党组织者

★★★★★

（24 岁）

　　1921 年初，旅法共产主义小组成立。在旅法共产主义小组及一批具有初步共产主义思想的革命青年的组织领导下，勤工俭学生举行三次大规模的群众斗争，进一步促进了勤工俭学生的团结和觉醒，许多人抛弃教育救国、实业救国等不切实际的幻想，认识到靠工读主义改造不了中国社会，需要建立一个严密的共产主义组织，以团结广大群众。1921 年冬，中共党员赵世炎、周恩来和陈延年、李维汉等开始酝酿筹建中国少年共产党组织。

　　1922 年 6 月 18 日，来自法国、比利时、德国各地信仰马克思主义的旅欧勤工俭学生赵世炎、周恩来、王若飞、李维汉、陈延年、陈乔年、郑超麟等18人，在巴黎西门外布伦涅森林的一块空地上，每人租借了一把铁折椅，围坐在一起，举行了代表大会。会议开始由赵世炎主持，共进行了三天，讨论了党名、党纲、党章，大家一致同意组织以马克思主义为指导的旅欧中国少年共产党，并选举了中央执行委员会，以赵世炎为书记、周恩来为宣传部长。会上，规定各人取用化名，以利于秘密活动，例如，赵世炎化名乐生，周恩来化名伍豪，陈延年化名林木，陈乔年化名罗丝等等。旅欧中国少年共产党成立后，派李维汉作为旅欧中国少年共产党的代表回国与团中央取得了联系。旅欧中国少年共产党的成立，使留法勤工俭学运动的斗争揭开了新的一页，旅欧勤工俭学生和华工有了共产主义组织的统一领导，无政府主义团体进一步分化。

　　陈延年参加旅欧中国少年共产党后，表现很好，不久被增补为中央执行委员会委员，并任宣传部长，周恩来改任职工运动部长。旅欧中国少年共产党中央执行委员会的办公地方设在赵世炎居住的巴黎南部哥德伏庐瓦街17号小旅馆里。同住在这里的有陈延年、陈乔年、萧子暲等六七人，陈延年、赵世炎是脱产从事组织工作的。旅欧中国少年共产党的机关刊物《少年》于8月1日创刊。当时由于没有出版经费，陈延年脱产负责刻钢板，只得自己动手刻写和油印，他写的字很工整。陈延年昼夜不懈，埋头伏案工作。蜡纸刻好后，陈乔年等人晚上下班

△ 《少年》的封面照

回来后一起动手油印、装订。

《少年》是理论性和战斗性很强的刊物。赵世炎、周恩来经常为《少年》撰稿，陈延年也先后撰写了《一个无政府党人和一个共产党人的谈话》、《什么是无政府党人的道德》等文章，与无政府主义及形形色色的反马克思主义思潮进行论战，同时还登载共产国际文件，报道工人运动、青年运动的消息。《少年》到1923年底共出版13期，它在宣传马列主义和党的方针政策以及批判无政府主义等方面起了重要作用。陈延年既是《少年》的主编，也是旅欧中国少年共产党的负责人，所以他在旅法的学生工人中有相当的威信。

陈延年成为共产主义者后，使无政府主义者感到震惊，并加速其分化，不少人退出无政府主义团体。一些无政府主义者在评价陈延年的行动时说：他们"宣言无政府主义是不能革命的，他们所以改信昔日所曾竭力反对的主义者，是一种信仰上的觉悟和进步"。但是，一些顽固的无政府主义者却攻击陈延年的革命行动，大骂陈延年是"叛徒"，投降了共产党。然而，陈延年一走上无产阶级革命道路，就勇往直前，坚持真理，不怕打击，努力做争取无政府主义者的转变工作。他曾在工余社成员中力陈无政府主义在改造中国这一基本点上"既没有办法，也没前途"。

他又在《工余》发表给黄凌霜的公开信中指出："对于无政府主义之信仰……是建在浮沙之上的，……做革命事业，在乎……力求理解社会生活的实际关系……，马克思很有先见之明，一生精力，全用在这个研究之上。"这些主张虽为黄凌霜所拒绝，但对其他无政府主义者却是一次震动。

1922年7月底，中共中央发出通知，同意从旅欧中国少年共产党中选一些年纪较大的、政治上较稳定的作为党员对象和国内进行联系，报国内党中央批准；还建议成立中共旅欧总支部，由旅法支部、旅德支部、旅比支部三个支部组成。其上级机关为中共中央。

陈延年、萧子暲经常参加法共领导的活动和群众示威游行。1922 年 9、10 月间，陈延年和陈乔年、赵世炎、王若飞等人在越籍法共党员阮爱国（胡志明）介绍下，参加了法国共产党。

　　1922 年 10 月中共旅欧总支部成立时，是以当时在法、德、比的十多个党员组成的，会议选举了张申府为书记，周恩来、赵世炎、陈延年、王若飞等为执委。但张申府不大管事，工作主要是执委负责。

　　中共旅欧总支部成立后，逐步发展党组织，从旅欧中国少年共产党中选送够条件的同志正式转为中共党员；同时也团结了广大旅欧勤工俭学青年以及旅欧华工，成为他们前进中的一盏指路明灯。

➡ 东方大学再深造

★★★★★

（25 岁）

东方劳动者共产主义大学（简称东方大学）是在列宁指导下建立的。早在 1920 年 7 月共产国际召开第二次全国代表大会时，列宁在会上提出了《民族和殖民地问题的提纲》，指出了民族和殖民地革命运动的方向。同年 9 月又在巴库召开了一次东方民族代表大会。苏共中央根据这两次会议的精神，于 1921 年 4 月成立了东方劳动者共产主义大学。名誉校长是斯大林，先后任校长的有布洛多、舒米亚茨基。在东方大学学习的不仅有苏联远东各少数民族学生，也有来自中国、日本、朝鲜、土耳其、波斯的学生。学习课程有政治经济学、西方革命运动史和历史唯物主义、俄语等，教员都是苏俄人。

1922年11月，陈独秀率中共代表团到达莫斯科出席共产国际"四大"时，到东方大学看望中国班学员，得悉旅欧许多党团员学习和生活遇到较多的困难，同时考虑到中国国民革命即将到来，急需培养大批革命骨干，因此决定在旅欧勤工俭学的学生中，抽调一些信仰马克思主义，有志共产主义事业的学生到东方大学学习。他一面写信通知中共旅欧总支部，一面在莫斯科同共产国际与苏俄政府联系，办理有关手续。

中共旅欧总支部接到陈独秀的通知后，决定在旅法支部选派赵世炎、陈延年、陈乔年、王若飞、佘立亚、袁庆云、郑超麟、王凌汉、高凤、陈九鼎等十人，在旅德支部选派熊雄、王圭两人，共十二人，作为第一批赴东方大学学习的学员。

1923年1月29日，旅欧中国少年共产党收到国内团中央的信，正式同意他们加入中国社会主义青年团。2月17日至20日，旅欧中国少年共产党在巴黎郊外一个小镇上租了一个警察分局的礼堂，举行了临时代表大会，陈延年两兄弟都出席了大会。会议决定加入国内的中国社会主义青年团，将旅欧中国少年共产党改称为旅欧中国共产主义青年团（即中国社会主义青年团旅欧支部），隶属于国内共产主义青年团中央委员会。大会通过了由周恩来起草的《旅欧中国共产主义青年团章程》；陈延年和周恩来、赵世炎等同志原都被选为支部领导成员，但由于当时赵世炎、陈延年、陈乔年等人被中共中央派到莫斯科学习，大会改选了旅欧共产主义青年团执行委员会，选出周恩来、任卓宣、尹宽、汪泽楷、萧朴生五人组成新的执委会，刘伯坚、王凌汉、袁于贞三人为候补委员，会后推选周恩来为执委会书记。

1923 年 3 月 18 日，陈延年与赵世炎、陈乔年、王若飞、郑超麟等旅法支部的十人，在周恩来的陪伴下，从巴黎至柏林，并代他们办理赴莫斯科的手续。此外还有留德的熊雄、王圭二人，从德国直接到苏俄。他们一行途经比利时的沙路瓦城时，受到刘伯坚等同志热烈欢迎。他们休息两天后，又在周恩来、刘伯坚的陪同下到了柏林。在等候办理赴苏签证期间，参观了柏林的名胜古迹。陈延年等人在 4 月中旬到达莫斯科，后被分配在东方劳动者共产主义大学学习。

△ 1923 年，旅欧中国少年共产党临时代表大会代表在巴黎合影（前排左起：2 为赵世炎，6 为陈乔年，8 为陈延年，11 为王若飞；中排左起：3 为刘伯坚，5 为李慰农；后排左起：5 为傅钟，10 为周恩来。

陈延年、陈乔年、赵世炎、王若飞等到莫斯科后，随即住进了普希金广场维斯卡雅街 53 号东方大学宿舍。陈延年等到达莫斯科前，中国共产党已在东方大学读书的中国学生当中成立了中共旅莫支部，领导人为罗觉（罗亦农）、彭述之等。4 月 28 日，中共旅莫支部举行欢迎大会，支部书记罗觉主持大会并致欢迎词，他将赵世炎、陈延年等介绍给旅莫支部的全体同志认识，说："新从法国来的同志中有六位党员，除赵世炎同志是老党员外，王若飞、陈延年、陈乔年是法共党员，熊雄、王圭是德共党员，照章程凡属第三国际支部的均可为正式党员。"因此，陈延年等到东方大学后即转为中共党员。旅莫支部的同志介绍了东方大学和莫斯科的情况，赵世炎、陈延年等也畅谈了赴莫斯科学习的感想。

　　陈延年到莫斯科后，系统地学习了马克思主义理论、国际共产主义运动和苏俄革命经验。他感受到俄国社会主义制度与法国资本主义制度有天渊之别，而且还有所感慨地回顾了在赴法勤工俭学前对俄国的真相并不了解，存在偏见，走了信仰无政府主义的错误道路的情景。于是他决心清除无政府主义思想残余，献身于无产阶级革命事业。因此，他学习十分刻苦，坚持作听课笔记和读书笔记。教师授课主要用俄语，有时也用法语。陈延年不懂俄语，刚开始在学习上有不少困难，但他对所有课程都怀着浓厚兴趣，一边学习俄文，一边系统地学习马克思主义理论和俄国革命的经验。他以顽强的毅力，不断地克服困难，认真刻苦地学习，不懂便向同学请教，还经常与赵世炎、王若飞等人对笔记，交流学习心得，讨论问题。据当时在东方大学一起学习的饶竞群回忆：陈延年虽然平时沉默寡言，但在讨论和研究理论问题时，却总是热烈发言，阐明自己的见解。他常常为了弄清一个重要的理论问题而同别人争得面红耳赤，与他平时判若两人。同学们问他为什么如此认真，他回答说："列宁在争论原则问题时如同猛狮，我们也要学列宁，在原则问题上不能马虎。"同学们都敬佩他的精神，戏称他为"小列宁"。陈延年既能热情帮助别人，又严格要求自己。他发现同学有一点好的表现就当众表扬，有错误或不正当的言行则当面予以批评，他这种对人的诚恳态度是深得人心的。

由于陈延年和赵世炎等同志的到来，东方大学的中共旅莫支部的骨干力量有了很大加强。不久，中共旅莫支部作了调整，吸收了有组织能力的赵世炎和陈延年任支部领导，赵世炎任支部委员，陈延年任支部干事，负责组织工作。他对待组织交给的每一项工作，都很认真细致地完成。他善于走群众路线，经常深入各小组了解各人的学习情况和要求，并随时反映给支部委员会研究解决。他一发现新涌现的积极分子，就及时做好培养工作。在不长的时间里，他就和赵世炎一起介绍了黄平、袁庆云、王凌汉等人入党。陈延年能以身作则，严于律己，知错即改。中共旅莫支部为加强党的组织纪律教育，批评了陈延年在中国共产主义青年团旅欧支部大会上曾带头主张开除张申府一事（那时陈延年刚从无政府主义思想转变过来，因此反对张申府处处干涉青年团的事务）。他经过同志们帮助，认识到自己在处理这个问题时过于偏激，不了解党与团的关系，公开作了自我批评，态度十分诚恳，受到同志们的称赞。陈延年在东方大学学习了一年多，思想上有了很大的进步。

1924年，苏联实行新经济政策不久，食品和衣服还是缺乏的，苏联政府为照顾东方大学学生，每人发一套制服、一件棉大衣和皮鞋。陈延年过惯了艰苦朴素生活，觉得东方大学的生活比在上海时好多了。他经常穿列宁式工人服装，戴便帽，足穿有筒黑皮鞋，为了节省，天气暖和时便不穿袜子。

陈延年对同志是十分关心的，每当有新同志到东方大学学习时，他总是嘘寒问暖，帮助他们解决生活上的困难。有一次，他和王若飞主持召开欢迎新同志大会。相互介绍情况后，陈延年作了总结发言，号召新旧同学要互相学习别人长处，改正自己的缺点，为一个共同目标团结战斗，要把自己锻炼成一个坚强的革命战士。大家听后，都很受鼓舞。

中共旅莫支部研究了中国革命形势，根据中

国革命需要，决定选派一些人到苏联的军事院校进行短期的军事政治训练，以培养军事指挥人才。东方大学中许多中国同志都渴望去学习军事，陈延年服从组织需要，仍留在东方大学，并做好其他同学的工作。在东方大学期间，陈延年经常与日本、朝鲜、越南等国的同学联络，交流经验，促进各国革命力量的联合。

1924年1月，孙中山在广州召开中国国民党第一次全国代表大会上，接受了中国共产党提出的反帝反封建的民主革命纲领，确立了"联俄、联共、扶助农工"的三大政策，实现了国共合作。这个消息传到莫斯科后，中共旅莫支部在共产国际的宿舍（柳克斯旅馆）内举办了一次介绍国民党问题的展览，以增强人们对国民党和国共合作的了解，陈延年是这次活动的积极参加者。

国共合作实现后，国内形势起了很大的变化，革命的中心正在广东形成，需要大批干部回国工作。1924年7、8月间，陈延年、郑超麟等人奉党中央命令回国。陈延年负责领队，他们乘火车沿西伯利亚铁路东下海参崴，因一时找不到船，在海参崴耽误了一个多月才得乘船起航。9月间，陈延年等人怀着救国救民的雄心壮志回到了上海。在民国路泰安旅店刚住下，他立即卸下行装，前往党中央机关接头。第二天大家到中央机关，向领导汇报在东方大学的情况，接受新的任务。陈延年被任命为社会主义青年团中央驻粤特派员，被派往当时国民革命运动中心——广东去工作。

国民运动中心展宏图

（1924）

甘为"黄包车夫"

★★★★★

（26 岁）

1924 年 9 月底，陈延年到广州后，经常与中共两广区委委员长周恩来研究工作。他阔别了日夜思念的祖国已足足五个年头。如今，国内的政治局势已发生了巨大的变化。国共合作实现后，广东已成全国革命的中心，工农群众运动已逐步发展起来，反帝反封建斗争浪潮不断高涨。这些情景，给初到广东的陈延年，留下了深刻的印象。他到广州没几天，就深入到工人群众中去。他了解到广州手车工人多，受压迫深重，又是城市交通的主要力量。于是，陈延年就和沈青、周文雍等人到万福路、大南路和东堤等一些手车工人聚居的地方和工人交朋友、拉家常，还学拉黄包车。他虚心向工人请教，很快就掌握了拉车的要领。有时，有些手车工人生病或有事不能出车，陈延年就主动帮忙。他身体魁梧结实，穿着工人服装，头戴列宁式便帽，拉起车来强劲有力，活像个老练的黄包车夫，谁也看不出他是个留过学的知识分子。他把拉车挣回的工钱全部交给工人，工人对他非常感激。陈延年还经常到东堤一带的二厘馆(广州最低等的饭店)和工人一起吃饭，了解工人群众的思想和要求。开始，他语言不通，就请沈青或周文雍当翻译。很快他也学会了几句惯用的广东话，和工人谈起来分外亲切。平时，工友们亲切地称他为"老陈"，都很乐意和他交谈，有什么问题都肯告诉他。他就在和工人交朋友的过程中，向工人讲革命道理，启发工人的觉悟。他还教工友们用集体力量来应付黑社会人物的敲诈勒索和警察的欺负，学会团结斗争的本领。

广州手车夫在陈延年、沈青、周文雍等人的发动下，觉悟迅速提高，很快就组织了起来，成立了手车夫工会，会员达数千人，并且参加了广州工人代表会，成为广州工人反帝反封建斗争的一面旗帜，在后来的省港罢工和广州起义中发挥了骨干的作用。当时香港《工商日报》为了诋毁共产党，曾发了一条新闻，称共产党干部当手车夫云云。陈延年看后，微笑着对同志们说："如果工作上需要，不管任何同志，去当手车夫都是光荣的。"陈延年还经常深入铁路、轮渡、码头、石井兵工厂等地，参加工人的会议了解情况，指导和帮助解决工人的困难。他来广州时间不长，但足迹已遍布广州各个角落，为工农群众运动的蓬勃发展作出了贡献。

➡ 发动工农支持镇压商团

★★★★★

（26 岁）

革命统一战线的建立及工农革命运动的发展，引起了帝国主义和地主买办阶级的仇恨。1924 年 10 月，以英帝国主义走狗、大买办陈廉伯和大地主陈恭受为首的商团，在广州发动武装叛乱，妄图推翻孙中山领导的广州革命政府。陈延年刚来广州没多久，就要投入到平定商团叛乱的斗争中了。

在这局势骤变的时刻，中共两广区委召开了紧急会议，研究对策。陈延年和周恩来一起参加了会议。大家一致赞成对商团采取严厉措施，坚决镇压，并决定由社会主义青年团广东区委出面，联合广州工人代表会、农民协会等16个团体举行示威大会，警告反动商团。随后，周恩来还主持召开了军事会议，决定组织广州工团军和郊区农民自卫军，坚决打击商团，消灭这支反动武装。

10月10日，在中共两广区委的号召下，广州

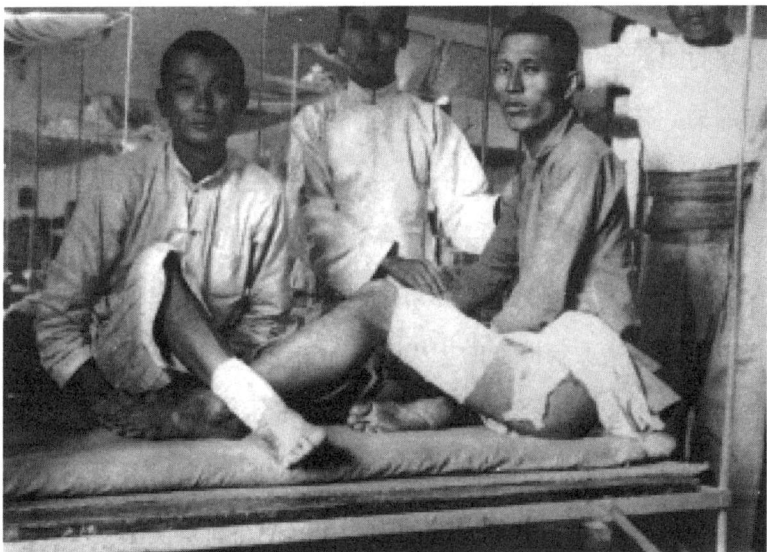

△ "双十惨案"的伤者

各界群众五千余人，在第一公园（今人民公园）举行了反对商团的示威大会，会上周恩来等人揭露了商团的反动阴谋。到会群众慷慨激昂，愤怒地谴责帝国主义及其走狗的罪行，提出了"打倒帝国主义"、"推翻反动军阀"、"打倒一切反动派"等口号。会后，举行了示威游行，当游行队伍经过太平路（今人民路）时，遭到反动商团的突然袭击，群众当场被打死二十余人，伤数十人，造成了"双十惨案"。事后，商团还张贴反动标语，用武力胁迫商人罢市。

"双十惨案"发生后，周恩来和陈延年听取了参加领导游行各负责人的汇报后，认为情况非常严重，他们随即前往鲍罗廷公馆，与孙中山聘请的苏联顾问鲍罗廷商讨对策。当晚就召开了两广区委扩大会议，决定立即要求革命政府严惩商团祸首，解除商团武装，抚恤受害者。当时，孙中山和廖仲恺正率军驻在韶关，准备进行北伐。他们对商团的反革命行为也很气愤，打算讨伐，但对胜利信心不足，犹豫不决。在两广区委和社会主义青年团广东区委的号召下，广州工人代表会、广州工团军、农民自卫军都表示愿尽一切力量，帮助政府。孙中山得到了中国共产党以及工农群众的积极支持后，决心采取断然措施。他随即成立了革命委员会和临时军事指挥部，负责讨伐商团的作战事宜。

陈延年动员广州的工团军和农民自卫军配合革命军作战；两广区委和社会主义青年团广东区委还发动广大工农群众，做好支援革命军的各项准备工作。参加 10 月 10 日示威游行的 16 个团体，组成了"工农兵学商革命大同盟"，发表了宣言，决心为死者复仇，要求政府严惩凶手，解散商团。黄埔军校全体学生电议决定准备对商团军作战。

10 月 13 日，孙中山命令参加北伐的警卫团以及湘、粤军一部从韶关星夜回师广州；14 日晚，黄埔军校学生军亦奉命出击，与北伐军分五路包围了商团军，向他们发起了总攻击。与此同时，广州工团军和农民自卫军配合革命军向商团发起攻击。经过几个小时战斗，全歼了反动的商团军，商团头子陈廉伯等逃进了沙面租界。15 日，中共广州地委和社会主义青年团广东区委在周恩来、陈延年的主持下，联合发表了《为双十节屠杀事件告广州市民》的文告，揭露商团的反革命罪行，号召广大人民，都来支持革命政府，向商团发动更猛烈的进攻，肃清商团的反革命武装。在各界人民的支持下，商团武装迅速被击溃，帝国主义及其走狗颠覆革命政府的阴谋终于被彻底粉碎，广东革命根据地得到了初步巩固。

→ 奉命改组青年团粤区委

★★★★★

（26 岁）

　　早在 1922 年，社会主义青年团广东区委员会（又称团粤区委员会）在广东社会主义青年团成立不久就成立了，吸收了不少革命青年入团。团员主要以学生为主，在 1923 年 6 月 17 日成立了"新学生社"，作为团的外围组织，社员达一百一十多人，他们都是各校的活动分子。社会主义青年团广东区委和新学生社成立后，积极在青年中宣传马克思主义，传播革命思想，开展工农群众运动，参加反帝反封建斗争，发挥了党的助手和后备军作用。

　　到 1924 年 11 月，广东已有青年团员二百七十余人。在广东建党建团初期，党、团组织虽然有各自的独立系统，但工作往往是一起干的。当时团的组织是公开的，党的许多工作由团出面去干。谭平山既是党的负责人，又是社会主义青年团的领导人；党还选派阮啸仙、杨匏安等人具体领导青年团的工作。但是，由于党、团工作划分不清，团的干部人手少而事情多，往往只能应付一些临时事务工作以及对外活动，团内的组织问题甚少顾及，以致团的组织有些松懈。同时，在广州设立团的区委和地委两级委员会，工作上经常顾此失彼，影响了团务的正常发展。为此，1924年10月7日团中央特别训令团广东区委，要求对上述问题迅速设法解决。

1924年10月25日，陈延年以团中央驻粤特派员身份，主持召开了团广东区委第二十六次常会，专门讨论团中央的有关指示，并决定11月5日召开区代表大会改组团区委。陈延年十分希望将青年和团员中的优秀分子吸收入党，建议"目前各地方及直辖支部从事农工运动工作的同志，如他们要求加入共产党组织时，应即介绍他们加入之，如未能即时解决者，可由区代表大会解决之"。会议还要求今后团应切实注意青年工人、农民本身利益等问题。会后，陈延年还专门写信给中国社会主义青年团中央执行委员邓中夏，报告了这次常委会的讨论情况。

11月5日至12日，社会主义青年团粤区代表会议在广州召开，会议主要是研究团如何适应当前革命的形势，制定团的方针任务以及团的改组问题。陈延年会上谈到团的干部在数量上和质量上都赶不上革命形势发展的需要，而且现在团区委的负责人又正忙于党的重要工作，团的活动无形陷于停顿，因此一定要

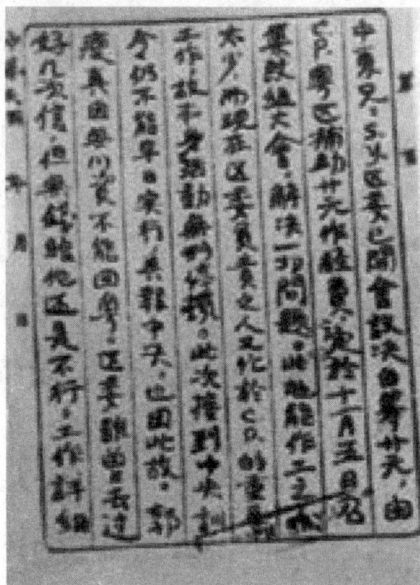

△ 1924年10月，陈延年就广州地区团的工作给中国社会主义青年团中央执行委员邓中夏的信。

进行改组。会议决定撤销团广州地委，广州的工作由团广东区委兼管；同时选举了执行委员和候补执行委员来管理繁忙的地委工作。11月13日，陈延年又召集了新选举出来的执行委员和候补执行委员举行第一次会议，讨论委员分工问题。

团区委改组后，陈延年首先指导他们抓健全组织的工作，规定了区委的会议制度，使大家能沟通情况、研究问题，开展批评与自我批评，改变了过去组织涣散的现象。他还与中共两广区委联合解决关于党团分化（分家）问题，并把已经超龄及从事农工运动的团员，尽量吸收入共产党。他们还认真抓好发展新团员的工作，从区代表会议结束到是年底的一个多月里，就发展了团员30人。

与此同时，新的团区委根据当前形势发展的需要，建立了"劳工运动委员会"，领导广州、佛山等地的工人运动；成立了"学生运动委员会"，进行整顿"新学生社"的组织，大力发展新社员，使广州各校皆有"新学生社"组织的活动，并积极在各校组织学生会活动；同时举办平民教育工

△ 陈延年在广东区委的办公室，照片右下角就是他的一张帆布行军床。

作；还成立了"宣传委员会"，配合党开展反帝反封建以及反对帝国主义文化侵略等活动。

为改变团过去工作华而不实，只喜欢搞轰轰烈烈的群众运动，不愿做过细的深入工作的现象，陈延年经常派人到广州各基层支部了解情况，协助解决问题。同时，他还安排一些在革命政府中从事农运特派员工作的同志，到花县、顺德、东莞以及新会等地，指导该地支部工作，切实地帮助他们进行改组。

经过陈延年以及其他区委同志的共同努力，广东团组织迅速壮大，工作成绩斐然，开阔了工作局面。

大力发展中共两广区委

（1924—1925）

→ 党团组织的壮大发展

★★★★★

（26岁）

1921年3月，中共广东支部成立。1922年党的"二大"召开前，中共广东支部扩大组织，成立中共广东区执行委员会，又称粤区执行委员会。由于它的实际工作只限于广州一地，到1923年底就撤销了，只保留广州地委。而且党员不多，力量既薄弱又涣散，广东全省的工作改由中共广州地方执委会负责。

1924年10月，革命统一战线建立后，根据当前革命形势发展的需要，中央决定重新建立中共广东区执行委员会，领导广东（包括香港）、广西的党组织，又通称中共两广区执行委员会，由周恩来任区委委员长兼宣传部长。

同年 11 月，由于周恩来兼任黄埔军校政治部主任，工作十分繁忙，中共中央任命陈延年为中共两广区委秘书、组织部长兼宣传委员会的领导，协助周恩来处理区委日常事务。1925 年 2 月，周恩来率军校政治部参加东征，区委书记职务由陈延年接任，周恩来只兼任中共广东区委军委书记。广东区委的管辖范围，除广东、广西两省外，到 1925 年冬还扩展到福建南部、云南以及南洋一带。它是第一次国内革命战争时期中国共产党最大的一个地方党组织，在建立和巩固广

△ 中共广东区委旧址

东革命根据地斗争中起着重要作用。

当时，党还处于幼年时期，中共广东区委领导下的党员和干部人数不多，党员的质量也不够高，党的组织机构还不够健全。这种情况远远不能适应当前革命斗争的需要。陈延年深知要搞好革命，必须要有一个坚强的战斗司令部，因此，他担任区委书记后，即着力于建立和健全区委的领导机构，以及党的组织建设和发展工作。他首先将区委组织机构扩大，并将办事机构由万福路一间狭窄的房子迁至文明路75至81号。为了掩护广东区委机关，原楼下从左至右分别为住宅、药店、小食店和鞋店，二、三楼才是中共广东区委和青年团广东区委办公的地方。根据当时工农群众运动发展的情况，区委机关逐步充实，设秘书处、组织部、宣传部（宣委）、工人部（工委）、农民部（农委）、妇女部（妇委）、军事部（军委）、学生运动委员会和监察委员会等机构。后来，中共中央从留欧、留苏归国的同志中陆续抽调了一些人充实广东的干部力量。陈延年根据他们的特长，适当分配他们到区委各部门或各条战线工作，使他们在区委的统一领导下充分发挥个人的积极作用。

为了加强区委集体领导，陈延年担任书记后，即成立了区委主席团（常委会），成员有陈延年、周恩来、张太雷、苏兆征等人，由陈延年负责。1926年7月中央扩大会议后，区委撤销了主席团，改设委员会，共15人，每周开会两次，一切工作均归整个委员会管理，区委进一步得到健全。它是区委在革命斗

△ 1925年初，中共广东部分区委成员合影。左起冯菊波、刘尔崧、陈延年、杨匏安。

争中的坚强领导核心力量。

陈延年还大力发展组织，建立和健全下属机构。他十分注意通过实际斗争的考验，发展各条战线的积极分子入党，扩大和巩固党的基层组织。到1925年6月省港大罢工前夕，区委在广州已先后建立了粤汉路、广九路、广三路、海员、内河轮渡、石井兵工厂、自来水厂、钢铁、邮务、建筑、人力车以及广东大学、妇女、农协、市郊农民等支部，其中以粤汉路和海员等支部规模较大，党员人数较多。陈延年经常深入到粤汉、广九、广三、海员、人力车、广东大学等支部了解情况，参加支部会议，听取党员干部意见，指导工作和帮助解决问题，因此各支部工作开展得比较顺利。与此同时，陈延年还先后派了一批同志深入各县以及香港、广西、厦门、漳州等地发展党员，建立党组织，开展革命活动。

陈延年在主持区委工作期间，还规定了严格的组织生活和会议制度。区委常委会原则上每月至少开会两次，必要时还要召开临时会议或紧急会议，一切重大问题，都提交会上讨论，作出决定后分头贯彻。有时区委会议不能如期召开，陈延年就先与各条战线负责人开小会讨论决定，然后再向区委会议报告。有关全面性的问题，他则坚持召开区委会议讨论决定。他经常强调党的纪律，指出每个党员不论其职位高低，都必须参加党的小组会或支部会，经常学习党的文件和指示，讨论党的工作，开展批评与自我批评；规定凡无故不参加党的组织生活者，或给予批评，或予以警告或纪律处分。当时在广东大学教书的周佛海，依仗着老党员资历自由散漫，目无组织纪律，经常擅自不参加党的组织生活，并时常发表与党的策略相违背的言论。陈延年亲自找他谈话，对他进行过批评教育，但他毫无悔改之意，后来陈延年就把他的问题提交区委会议讨论，决定将其开除党籍。

陈延年对要求入党的同志，总是热情关怀，严格要求。中山大学文学院院长郭沫若在 1926 年北伐前就要求入党，但陈延年认为郭沫若要先通过实际斗争锻炼，并先后让毕磊和恽代英代表党组织同他进行了谈话。郭沫若听后，表示愿意放弃中山大学文学院院长的职务，到部队去做些实际工作。不久，恽代英就介绍他任国民革命军军事委员会政治部宣传科科长，参加了北伐战争。后来郭沫若参加了八一南昌起义，随即加入了中国共产党。

陈延年十分重视党的宣传工作。他经常结合各项中心任务，指示有关同志编印刊物或宣传提纲给各基层支部进行学习和宣传。在编写刊物或宣传提纲前，他先向宣传部的工作人员征求意见，然后由宣传部负责人罗觉或张太雷起草，经过他审阅定稿后，再交由宣传部印发。《人民周刊》是广东区委的机关刊物，创刊于 1926 年 2 月 7 日，从创刊至 1927 年 4 月国民党反动派背叛革命前，一共出版了 50 期，每期发行万余份。该刊在宣传马克思主义、指导革命运动、反击国民党新老右派进攻等方面起着很大作用。陈延年和张太雷同为该刊的主编，他对每期刊出的评论和文章，都要细致审阅和认真推敲后，才签发付印。他还以"陈东"、"年"和"林木"等笔名在该刊和《革命青年》等刊物发表文章，指导革命斗争。

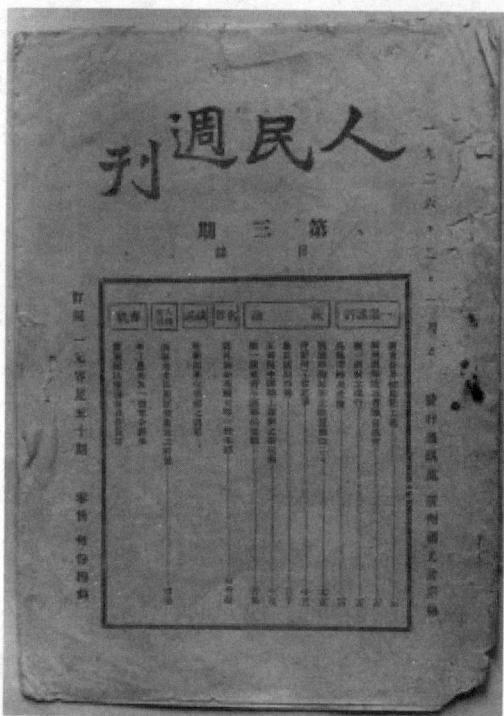
△《人民周刊》内页

　　为了交流党内工作经验，1926年，广东区委又出版了一个内部不定期的刊物《我们的生活》，由陈延年负责主编。他为该刊写的发刊词明确地提出："我们的党不是从天上掉下来的，……而是从长期不断的革命斗争中，从困苦艰难的革命斗争生长出来的、强大起来的……广东党部过去虽然做了不少的革命斗争，多少也得了一点苦的经验，然而现在我们还是非常之幼稚，客观事实的表现，革命潮流的高涨，往往超过我们党的主观力量……为推进党的教育与训练，所以我们要印行这个小册子。"陈延年还曾亲自为广东区委属下的学生运动委员会所创办的《做什么？》定名，并撰写了题为《我们应该做什么？》的发刊词，指出："那些成千成万的、最受侮辱咒骂的奴隶们，已经纷纷地站起来了……要将他们的痛苦、他们的要求，译成我们的诗、我们的艺术、我们的科学……这就是我们应该做的。"

陈延年对区委创办的两个宣传阵地——国民印刷所和国光书店也很关心。他经常教育印刷所的工作人员要提高警惕，做好保密工作，不要泄漏党的机密；并勉励他们要兢兢业业，把这一事业办好，为革命多作贡献。国光书店的负责人住在区委机关内，陈延年经常找他谈话，了解革命书刊销售情况，指示他要有计划地推销党内一切公开刊物，扩大宣传面，还指示每月要清理好账目，向区委有关部门报告实际情况。由于陈延年对广东区委的组织建设和思想建设抓得扎实细致，所以使广东党组织的战斗力得到很大的提高，而陈延年也被同志们誉为广东党组织"开疆辟土的拖拉机"。

作为区委的主要领导者，陈延年对青年、妇女等方面的工作也热情关注，及时予以指导，使得这些工作也能适应革命形势发展的需要。广东大学（后改称中山大学）的左派学生组织"新学生社"，在共产党员、共青团员带动下，对教育和团结广大进步学生、反对右派学生起了一定的作用，但后来也出现

大力发展中共两广区委

一些"左"的偏向。陈延年及时建议"新学生社"自动解散，另成立包括全体青年学生的"学生会"，以团结处于中间或落后状态的青年。有些人对此有抵触，陈延年便以自己的切身体会来教育他们说："我曾经是克鲁泡特金的学生，后来才转变为马克思主义者，才知道无政府主义行不通。青年人有各种各样的思想并不奇怪，也不是一成不变的。我们不要看不起他们，要善于团结他们。"在区委和陈延年等领导下，召开了旨在统一全省学生运动的广东省学生代表大会，大会强调，只要坚持反对帝国主义，反对军阀，争取民族独立的，都应联合起来。在遵守这个共同纲领的前提下，允许学生有不同主张和信仰。这对于最广泛地团结青年学生，壮大革命力量，打击反动势力，起了很好的作用。

由于陈延年和广东区委其他领导人卓有成效的工作，在短短的两三年中，广东党组织由数十人发展到近万名党员，在党的发展上，广东在全国各省区名列前茅，为全党的组织建设提供了重要的经验。党的指导机关在同志中有很高的威信，而且组织严密，战斗力强，有优良的党风，在广东历次重大斗争中发挥了坚强的核心作用。

→ 革命干部的培养

★★★★★

（27岁）

陈延年担任广东区委书记后，不仅注重党的组织建设，而且还重视党的思想建设，注意培养革命干部。他在《我们的生活》发刊词《告同志》中，强调要"推进党的教育与训练"，"要在党的正确的政策下面，很坚固地团结起来"。区委逐渐建立了党课制度，开办学习班、训练班、党校等，组织党员、干部学习马克思主义理论、党的基础知识。由于陈延年在苏联时系统地学习过列宁的建党思想，因此他来广东后，在指导建党思想上，十分强调要以布尔什维克党为榜样来建设党组织。

为了提高广大党员、干部的思想政治觉悟，从1925年初起，陈延年和区委组织部长穆青等，主持过工人训练班、党员训练班、团员训练班、广东地方干部训练班等，对党员、团员及工农干部们等进行系统的党的知识教育，使他们认识到自己责任的重大，从而提高党的战斗力。在学习班举办过程中，从学习计划、组织领导到教材及教师的选择等，他都亲自过问，而且很多时候还亲自授课。陈延年还写信给中共旅莫斯科支部的王若飞、陈乔年等，请他们将东方大学的功课记录稿整理后托国际代表带回来，为编写教材作参考。陈延年讲课时，语言生动，有针对性，并且能联系实际，使学员深受教育。通

△ 陈延年给旅莫斯科支部的亲笔信手稿复印件

过学习班培训出来的学员，回到各个岗位后，成了革命工作的骨干。在团广东区委举办的团员训练班中，陈延年应邀到该班讲课时，还勉励旁听的广州及各地方的团支部书记等负责同志，要把团的工作做好，发挥党的助手作用。

为了培训农民运动干部，广东区委通过国民党农民部举办了农民运动讲习所。陈延年对农讲所的工作极为关怀，经常听取该所负责人的汇报，还应邀向该所学员进行国内外形势报告。他对每届农讲所的招生、课程、教员，以至学员结业分配，都非常关心，积极指导。1925年冬，他亲自派区委干部罗明到福建帮助农讲所招生，并郑重地对罗明说："农讲所很重要，对促进各地工农运动，支援北伐战争，将起很大作用；你负责招生要注意政治质量，挑选那些拥护党、愿意与农民运动结合的学员。"1926年初，陈延年从第五届农讲所毕业学员中挑选了三名学员(其中一人是毛泽覃)到广东区委组织部工作。六届农讲所先后为广东全省和全国培养了七百多名农运骨干，为推动广东和全国的农民运动作出了重大的贡献。

1926年4月，随着省港大罢工运动的深入，为了提高罢工工人的政治素质，争取罢工反帝斗争的胜利，在中华全国总工会建立了省港罢工劳动学院，培养了一大批工人骨干。

鉴于本区党员文化程度和思想觉悟不高，而客观工作需要又很迫切，举办临时党员训练班适应不了革命形势发展的需要。1926年9月，陈延年决定广东区委设一党校，系统地轮训党的

△ 广东省农民协会旧址。位于广州市东皋大道礼兴街6号（原东皋大道1号）。

工作干部。党校校址设在东皋大道广东省农民协会内，由组织部及宣传部共同负责。每期学习时间为两个月，校中功课分理论、党务、政治及工作四个方面，各有功课若干门，"皆做支部工作所必需之知识，应有尽有"。

此外，陈延年和广东区委还通过统一战线的关系，选派了一批党员、团员到农民运动讲习所、中央妇女运动讲习所、广东省妇女干部训练班、广东青年训育员养成所、政治讲习班、华侨讲习班以及黄埔军校学习，为革命培养了大批工、农、青、妇和军事方面的干部。

除了以学习班、训练班、办党校等形式培训党员干部外，陈延年在每周还举行活动分子的周会，报告党的政策及民众运动情况；又经常深入基层作报告，向广大党员进行教育。

1926 年后，广东区委为了加强各军事机关、部队党员的政治思想教育，每逢星期日，召集在黄埔军校学习以及在国民革命军工作的党员骨干和积极分子，在东皋大道广东省农民协会礼堂举办报告会，由陈延年、周恩来、恽代英等作有关军事运动和国内外形势等问题的政治报告，鼓励同志们努力学习，提高政治思想觉悟，掌握军事本领，为革命作出应有贡献。陈延年还经常应邀到国民革命军军事委员会政治训练班、省港罢工委员会、青年军人联合会及农民运动讲习所等处作报告。由于他的讲话观点鲜明，富有鼓动性和条理性，并善于联系实际，有的放矢，因此常能使参加会议的同志深受教育。对于国民党左派廖仲恺被刺事件，有一部分党员，甚至个别负责干部，产生了畏惧情绪。陈延年在召开区委党员大会时，针对这种思想状况进行了一次教育。他说："一个共产党员的牺牲，胜于千万张传单；如果怕死，就不要做共产党员。"当时，不少人称赞陈延年是一个有骨气的共产党员。

→ 革命武装的建立

★★★★★

（27 岁）

陈延年到广东工作后，在领导工农革命群众运动的实践中，逐步认识到革命人民自己掌握武装对反抗帝国主义和封建军阀的重要性，因而重视党对军事工作的领导。值得一提的是，广东区委在当时全国五大区委中，是最早设立军事部（军委）以适应当时局势发展的。因此，在陈延年、周恩来的领导下，广东区委很早就注意在党内培养军事人才。

1924 年初，在中国共产党和苏联的帮助下，孙中山建立了黄埔陆军军官学校，培训革命军事干部。6月16日，黄埔军校正式开学。同年11月，周恩来到该校直接领导政治部工作。陈延年到广东区委主持工作后，和周恩来密切配合，先后调派了不少得力干部如恽

△ 黄埔陆军军官学校（黄埔军校）

代英、聂荣臻、萧楚女等到黄埔军校担任政治教官等工作。还选派了大批共产党员、青年团员和革命青年到该校学习。黄埔军校第一期六百多名学员中，由全国各地党组织和广东区委选送来的党团员就有五六十人，占学生总数的十分之一。开始时，广东区委在该校成立中共黄埔军校支部，把在该校学习的党员、团员混合组织，直接受周恩来领导。1925 年 1 月，军校第二期学员入学后，党员人数已发展到 43 人，党的组织，亦由中共黄埔军校支部，扩大为中共黄埔军校特别支部，在后来还发展为中共黄埔军校党团。在党团领导下，政治部、第一军官团、第二军官团、炮兵大队、政治大队都成立了党小组，从而加强了党对军队工作的领导。

陈延年十分关心黄埔军校党组织工作，经常在区委召开黄埔党团成员会议，了解军校情况，布置各个时期的中心任务；有时还亲自到军校检查党团工作，解决问题。在陈延年和周恩来领导下，黄埔军校的党团员，在历次斗争中，发挥了勇敢作战、不怕牺牲的精神，成为国民革命军中的骨干力量，对统一广东革命根据地和进行北伐战争，以及与帝国主义、国民党右派斗争等方面，起了重要的作用。

为了直接掌握革命武装，培养和训练一批自己的军事干部，1924年11月间，陈延年和周恩来在征得孙中山同意后，从黄埔军校等单位抽调了一批党员干部，组建了"建国陆海军大元帅府铁甲车队"；同时又动员了一批工人、农民和进步青年到铁甲车队当兵。有的青年受封建时代"好儿不当兵，好铁不打钉"的思想影响，不愿参加革命军队。陈延年等区委同志便耐心进行教育，使他们分清革命武装与反革命武装的不同性质，鼓励他们参军。铁甲车队建立了党小组，直属广东区委领导。有关铁甲车队的干部配备、调动以至重大活动等，都要直接向陈延年、周恩来请示报告。它名义上是大元帅府属下的组织，实际上是广东区委领导的一支革命队伍。铁甲车队成立后，广东区委曾建议大元帅府和廖仲恺派铁甲车队到广宁支援农民运动、参加平定杨（希闵）刘（震寰）叛变，到宝安县支援农民运动及参加封锁香港等斗争，都立下了战功。

飞机掩护队原隶属广东革命政府，本是国民党右派掌握的武装。陈延年和周恩来在组建铁甲车队的同时，为了把这支武装改造过来，掌握在我党手中，以扩大革命力量，消除对革命政府造成的隐患。1925年3、4月间，在革命政府和航空局的支持下，对飞机掩护队进行了改组，将原队长调走，另派共产党员任该队队长和党代表，并从铁甲车队抽调了一些队员进来充当骨干，队内成立了党小组。同时，又补充了一部分工人、农民和革命青年进来，从而使队伍的政治素质发生了变化，成为一支在我党领导下的革命队伍。

随着形势的发展，陈延年和周恩来进一步认识到建立一支以共产党员为骨干，由我党直接领导的革命军队，作为国民革命军的核心力量的重要性。在他们的努力下，由党直接领导的唯一的正规部队——国民革命军第四军独立团在1925年11月宣告成立。这个团以铁甲车队全部成员和从黄埔军校抽调的一部分学员为骨干，另从广东、广西、湖南各地招募一部分士兵共2000人组成。由共产党员叶挺担任团长，团内成立了共产党支部，直属广东区委军委领导。独立团后来作为北伐军的先遣队，屡建战功，威震全国，被誉为"铁军"。

1925 年底，陈延年、周恩来等就提出在军校开设政治科，从而加强军校政治思想。周恩来、苏联顾问同邓演达等人进行多次商谈，并最终取得了校长蒋介石的同意，从第四期起，设立了政治科。为了建立新型革命军，加强军队的政治教育，广东区委派出了大批党员到各军担任党代表、政治部主任，其中有周恩来，李富春等。

对广东工农武装的建设，广东区委与陈延年、周恩来等也很重视。早在 1924 年 8 月商团叛乱前，便已在广州地区建立了工团军和农团军。随着工农运动的深入发展，在各地组织农民协会的同时，进一步建立了农民自卫军组织。广东区委还指示区委属下的农委在农民运动讲习所设军事课程，农讲所从第一届开始已有军事训练，学员们要到黄埔军校里进行军事训练一个多月；从第二届开始，就从黄埔军校毕业生中选派共产党员赵自选等到该所担任军事教官，对学员进行军事训练，使学员毕业后既能组织农会，又能训练农民自卫军。到 1926 年 5 月第二次全省农民代表大会前，全省已发展了农民自卫军三万人，对农民运动的发展，起了很大作用。

1925 年 6 月省港罢工委员会建立了一支拥有三千多人的罢工工人纠察队，分布在全省各个重要港口，对封锁香港，打击英帝国主义及其走狗，保证罢工顺利进行，起着重要作用。陈延年经常到罢工委员会了解情况，指导工作。他曾夸赞罢工工人纠察队说："我们的武装队伍真好，又精神，又熟练，比之萎靡不振的军阀部队大不相同。"

→ 工农运动的推动

★★★★★

（27岁）

陈延年依靠工农群众的观点明确坚定，他曾在《民族革命与工农阶级》中指出："革命运动中只有最受资本帝国主义与军阀压迫的阶级是最能革命的阶级，这个最能革命的阶级就是工人与农民。"区委主要负责人到工厂、农村以及基层，大力开展工农革命运动。陈延年还深入到工人群众中去，和人力车夫一起拉车，和搬运工人一起干活，而且还经常和工人们交谈，参加工会活动，了解情况并指导工作。在区委的领导组织下，广东工农运动迅速发展。

陈延年担任广东区委书记不久，上海爆发了五卅运动。1925 年 5 月 31 日，五卅惨案的消息已从上海传到广州。当晚，广东区委召开了广州市党团员大会，陈延年在会上报告了惨案的经过以及广东时局，要求全体党团员发动广大群众，迅速声援五卅运动，掀起反帝热潮。会议决定由广东区委和青年团广东区委联合成立一个"临时委员会"，领导全市人民投入反帝斗争。同时，会议还决定联络中华全国总工会、广州工人代表会、省农民协会等团体，共同发起声援上海人民的反帝斗争，并准备在 6 月 2 日举行大规模反帝示威大游行。

6 月 2 日，陈延年等区委领导在广东大学广场举行的万人集会上，向全国人民和全世界人民发出通电，声讨帝国主义屠杀中国人民的罪行，并决定组织"工农兵学商大同盟"，领导全省人民的反帝斗争。另外，还组织演讲队来宣传，进行抵制英、日货等活动。

为了进一步促进全省工农群众运动的高涨，用实际行动援助上海工人阶级，6 月初，陈延年召开了区委会议，决定立即发动香港工人和广州洋务工人举行大罢工。会后，他一方面派人前往香港与香港各工会组织联系，协助组织发动青年工人和学生进行罢工、罢课斗争；另一方面又派人赴沙面发动洋务工人罢工，以及安排人员负责在广州筹备组织接待等工作。经过与各工会负责人紧密磋商以及深入发动群众后，很快就把工人组织起来，各工会都纷纷表示与香港工人采取一致行动，立即进行总罢工。

为了争取广东革命政府支持罢工斗争，陈延年等人再三与国民党左派领袖廖仲恺进行磋商。廖仲恺同情工人，表示站在工人方面，支持工人的反帝斗争；并决定罢工开展后，马上征用广州市内的烟、赌馆和会馆、空屋等地方作为安置罢工工人的宿舍，革命政府还答应给予经济上和政治上的支持。于是，陈延年和邓中夏等研究决定以中华全国总工会的名义，号召罢工。在广东区委和中华全国总工会的号召下，6月19日，省港大罢工正式爆发。不到半个月，参加罢工的人数已达25万人。

陈延年还亲自参加并指挥了6月23日在广州举行的十万群众反帝大示威。当示威队伍经过沙面英租界对岸的沙基时，英帝国主义者竟命令水兵巡捕用机枪扫射，当场死亡五十二人，重伤一百七十余人，轻伤无数，造成了惨绝人寰的沙基惨案。

沙基惨案发生时，陈延年和周恩来在现场指挥群众隐蔽、疏散，还派人进行现场调查。当晚，陈延年召开了区委紧急会议，研究对策。会

大力发展中共两广区委

△ 1925年6月23日，广州工农商学兵十万人在东校场集会声援上海反帝斗争，会后列队游行。

议决定扩大罢工，组织罢工工人纠察队，全面封锁香港。陈延年还与廖仲恺磋商，组织各界请愿团，要求国民政府外交部立即向帝国主义驻广州领事提出最严重的抗议，收回沙面租界，一切外国军舰撤出白鹅潭，惩办凶手和后台，并宣布对英经济绝交等。

为了把几十万罢工工人团结和组织起来，保证罢工的顺利进行，一定要有一个坚强的司令部。陈延年等人及时提出建立罢工工人代表大会和省港罢工委员会，作为团结广大罢工工人与帝国主义作斗争的指挥部，这一意见受到广大罢工工人的拥护和支持。

我党在领导省港罢工进行的过程中，注意执行革命统一战线的政策，聘请廖仲恺等人担任省港罢工委员会顾问，积极争取广东革命政府的援助，这是符合罢工利益的。但当时党内有些人认为国民党腐败无能，反对让其过问罢工，还有人反对罢工工人纠察队总队长和干事局属下几个部的领导让黄色工会以及与国民党右派有联系的人充任。对此，陈延年提出："我们不仅要国民党过问，而且要拉国民党来过问，这样做，才能取得国民党的物质援助，才能得到它政治上的支持。这与领导权问题完全是两码事。何况共产党会不会把领导权失掉，主要问题是党在罢工工人群众中工作努力不努力，与国民党过问不过问无关。不要什么职位都由我们全部包下来，这样对执行统战政策、团结多数共同反帝斗争、壮大革命力量大有好处；只要干事局、财政委员会等重要部门掌握在我党手上，就可以保证罢工的健康发展。"这个意见消除了部分人的顾虑，并得到了大多数人的支持。

罢工初期，为了全面封锁香港，曾采取反对一切帝国主义的方针，使所有外国商船都不能进入广州。后来，陈延年等人发现这样做，不利于分化敌人阵营；同时全面封锁香港，也等于封锁了广州，使粮食、煤、汽油、日用品运不进来，影响了工业生产及人民生活，引起了广东民族资本家的不满，同时影响了国民政府的财政收入和经济的发展。陈延年及时提出"单独对英"，并指出"这不是我们的失败，这是在帝国主义与军阀勾结之下暂时退让而已。我们要看政治情形来决定我们的进行"。经罢工工人代表会认真研究后，决定"单独对英"困死香港，这就打破了帝国主义者拼凑"联合阵线"的反革命企图，最大限度地孤立当时最顽固的英帝国主义，其他各国的货船直接进来广州黄埔港，从而使封锁香港带来的各种问题都获得了解决。

为了激励罢工工人的斗志，陈延年经常向罢工工人作报告，进行政治思想教育。他曾以陈东教授的名义在一次大会上作报告说："我们罢工不仅是为我们工人阶级利益而奋斗的，也为全体同胞、全国人民反对帝国主义、争取解放而斗争！"他还以一些历史经验向工人说明：帝国主义及其走狗的力量尽管暂时还很强大，革命人民的力量暂时还比较弱小，但是只要我们坚持斗争，敌人的力量就会逐渐削弱，革命的力量就会逐渐增强，我们一定可以取得最后的胜利。他的报告使罢工工人进一步增强了罢工斗争的胜利决心。

震动中外的省港大罢工，坚持斗争十六个月之久，它是中国工人运动乃至世界工人运动史上规模最大、坚持最久、影响最深远的一次罢工，它严重地打击了帝国主义在中国的势力，教育和锻炼了我国工人阶级以及广大人民群众，有力地促进了广东革命策源地的巩固和全国革命高潮的到来。陈延年不但是省港罢工的领导者，而且是最重要的领导人。从罢工的策划、发动，到坚持和扩大，几乎所有的重大决策都是在陈延年的直接参与或领导下作出的，他那卓越的组织才能在省港大罢工和其他一系列重要的斗争中得到了充分的发挥，他对取得罢工的胜利作出了不可磨灭的贡献。当年他在广州的许多同事几乎一致地认为，陈延年最突出的功绩是成功地领导了省港大罢工。

陈延年到广东后，从实践中认识到"农民运动非常重要"。他还指出："此地农民运动最好，经验已很多了。"陈延年在广州工作期间，每日为农民运动问题花很多精力。在担任区委书记后，为了推广海陆丰农民运动经验，他特地嘱咐彭湃把海陆丰农民运动经验加以总结，编辑成书出版，并对该书认真加工修改。周恩来也为该书题名。该书出版后，陈延年又组织了二十多个在国民党农民部当农运特派员的共产党员和青年团员，深入各地农村进行宣传，推动各地农民运动的发展。到 1925 年 5 月 1 日第一次全省农民代表大会前，广东全省已有 22 个县建立了农会，农会会员达 22 万人，各地还建立了农民自卫军。

农民运动的发展，引起了豪绅地主和国民党右派的仇视，他们肆意攻击农民运动，咒骂农民为"土匪"。陈延年针对国民党右派、地主豪绅的攻击，曾以"林木"的笔名发表文章，明确地指出："广东最穷苦的农民，只希望有裤子穿，有粥喝，起来要求减租，但这对于地主残酷剥削的利益是有损害的，因此，在朝的人便骂他们为土匪。一切劳苦群众，为稍稍改善其惨苦的生活而起来斗争，这是客观必然的事实，不管你赞成不赞成，需要不需要；为他们自身利益，为整个革命利益，即为推进整个革命运动，即为增加整个革命力量，他们必须做这种斗争，并且谁也限制不住。"他还指出："革命党只应而且只能领导这种斗争，不应而且不能反对这种斗争，不要这种斗争。"陈延年的文章，以及他对农民运动的重视，大长了农民的志气，推动了农民运动的继续发展。

融身于大革命

(1925-1926)

→ 大力推动革命根据地的统一和巩固

⭐⭐⭐⭐⭐

（27岁）

　　商团反动武装覆灭后，盘踞在东江一带的陈炯明反革命势力在英帝国主义和北洋军阀段祺瑞的支持下，趁中山先生北上之机，企图进犯广州，阴谋推翻革命政府。危急关头，在广东区委和陈延年等积极动员的广大群众支持下，广州革命政府出师东征。

　　在出征前，广东区委还曾积极动员黄埔军校的共产党员、共青团员参加东征军，发挥英勇作战和自我牺牲的革命精神。1925年2月，第一次东征开始后，陈延年、刘尔崧等人组织了大批工农积极分子随军东征，帮助革命军运送粮食、弹药，担任医疗卫生、

△ 为贯彻"统一广东、统一中国"的革命方针，罢工委员会动员广大工人参加革命和运输队工作，配合国民革命军东征南讨。

宣传鼓动等工作；他还派彭湃等回海陆丰一带，进一步发动当地农民，组织农民自卫军，配合革命军作战，充当向导并侦察敌情。周恩来随军出发，直接参与东征军的领导和指挥工作。陈延年则留在广州，继续宣传和组织群众，号召广东工农群众和革命军人团结一致，为彻底肃清陈炯明的反动势力进行坚决的斗争。

由于革命军英勇善战以及党领导下的东江农民大力支持和配合，东征军连战皆捷，进展神速，不到两个月，便肃清了除惠州以外的东江、潮梅地区的陈炯明反动势力，取得了第一次东征的胜利。

正当东征军取得节节胜利的时候，盘踞广州的滇、桂军阀杨希闵、刘震寰勾结英帝国主义及其他军阀，趁广州空虚之际，阴谋发动反革命叛乱，颠覆广东革命政府。

为了应付当前时局，广东区委成立了"革命委员会"，团广东区委也成立了"临时政治宣传委员会"，指定丁愿、赖玉润、周文雍等人负责，协助党进行工作。6月上旬，当东征军回师广州之际，陈延年和杨殷、刘尔崧等人立即发动工人成立了粤汉、广九、广三铁路和海员罢工委员会，实行总罢工，结果使杨、刘叛军的军事运输霎时陷入瘫痪状态。与此同时，陈延年等又发动广州电讯工人和石井兵工厂的工人罢工，断绝了敌人的通讯联络和军火供应。6月12日，当东征军和黄埔军校在校学生组织的突击队向杨、刘叛军发动总攻击的时刻，陈延年、刘尔崧等发动广州工团军和农民自卫军配合作战。他们还与团区委一起，组织广大团员、青年成立宣传队，四处宣传。由于军民团结一致，经过一天的战斗，就把盘踞广州市区作恶多端的滇军全部击溃。据赖玉润《在广东革命洪流中的一段回忆》中说道：当战斗结束后周恩来回到广东区委见陈延年时，彼此互相亲切握手祝贺。周恩来兴奋地说："已经胜利完成任务，把叛军全部击溃缴械了。"陈延年也兴奋地说："这次武装斗争的胜利，可喜！可贺！"不久，盘踞西江一带的桂军刘震寰部也被解决。至此，滇、桂军阀的叛乱全部被粉碎，广东局势遂迅速转危为安。

1925年7月，国民政府成立后，原革命政府辖下的军队也统一改编为国民革命军。然而，反动政客胡汉民以及粤系军阀许崇智、魏邦平、梁鸿楷、郑润琦等对此不满，于是与英帝国主义互相勾结，阴谋发动反革命政变。他们还收买了一群歹徒无赖，在8月20日暗杀了国民党左派领袖、共产党的挚友廖仲恺。事件发生后，激起了工农民众的极大义愤。陈延年立即发动广州市五万多人举行示威大游行，要求国民政府肃清内奸。9月24日，广东区委和团区委为此联合发表了宣言，呼吁人民群众紧密团结，打倒帝国主义及其走狗之阴谋。

10月，为了配合国民革命军举行的第二次东征，陈延年派了杨石魂、廖其清等党团员，率领岭东革命同志会部分成员前往潮梅地区，与当地党团组织一起发动群众，在敌后开展反对军阀陈炯明的斗争。国民革命军在东江各地人民的积极支持下，迅速攻下了陈炯明的老巢——惠州，11月初，收复了东江，解放了潮梅各地，把陈炯明部队全部赶出了广东，取得了第二次东征的胜利。潮梅地区解放后，各项工作需人甚急，陈延年当即派赖玉润、蓝裕业等组成特别委员会，前往潮梅地区开展工作，以加强当地党的领导力量。

当国民革命军进行第二次东征时，盘踞高

（州）、雷（州）、钦（州）、廉（州）以及琼崖一带的军阀邓本殷，在英帝国主义支持下，倾其全力向阳江、四邑一带进犯，以策应军阀陈炯明叛乱。1925年10月26日，国民政府派出国民革命军一部分南讨军阀邓本殷。陈延年在征得国民政府的同意后，把团广东区委的领导人张善铭调往南讨主力国民革命军第四军任政治部主任；又派黄学增、韩盈等人率领南路革命青年；派王文明、杨善集等人领导琼崖革命同志会的成员，先后赶赴南路、琼崖各地发动组织群众，开展反对军阀邓本殷的斗争。陈延年和邓中夏、苏兆征等还组织了省港罢工工人一千多人随军出发，担任运输等工作。同年底，国民革命军光复了南路各地。1926年2月，又解放了琼崖各地，消灭了军阀邓本殷的反动势力。

经过共产党人、工农群众、革命士兵和国民党左派的共同奋战，广州革命政权和广东革命策源地才一次又一次地转危为安，获得真正的巩固和统一，为后来北伐战争的胜利进展奠定了基础，促进了全国革命高潮的到来。

1925年12月20日，广东区委在庆祝广东统一大会上，发表了《告广东民众书》，指出："广东所以有现在的统一，是广东革命的民众与其自觉的工具（共产党）之力，是广东革命的民众与广东革命政府合作之力。"作为广东党组织活动的主要策划者之一，陈延年对统一和巩固广东革命根据地是作出了重要贡献的。

→ 崇尚真理，泾渭分明

　　在革命统一战线中，陈延年十分注意维护我党的独立性。他常对周围的同志说：“我们要提高警惕，不要为国民党抬轿子，不要做国民党的‘姨太太’。”他坚决反对当时党内某些领导人中流行的一种错误观点，即认为无产阶级及其政党在资产阶级民主革命中只能处于帮助国民党的地位，只能充当革命的苦力。他曾严肃而气愤地指出：“‘苦力主义’是要不得的。”

　　陈延年在广东工作期间，始终和国民党左派保持密切合作的关系。对国民党左派领袖廖仲恺、宋庆龄、邓演达、何香凝等，陈延年不仅尊重他们，而且积极支持他们的正确主张，联合他们共同奋斗。国民党中央执行委员柳亚子，因受右派排挤，一度称病到大沙头颐养院疗养。陈延年专门派当时在区委机关工作的饶卫华前去看望，使柳亚子深受感动。

对待国民党右派，陈延年则坚决揭露和批判他们勾结帝国主义和封建军阀出卖革命的罪恶行径。1925年8月，在帝国主义唆使下，右派势力暗杀了左派领袖廖仲恺。案发后，陈延年等区委同志就明确指出，这是帝国主义与右派势力破坏革命的阴谋，并强烈要求惩办凶手，追究幕后。1925年11月，西山会议派公开分裂国民党，鼓吹反共反革命。陈延年等人立即联合国民党左派予以回击。新右派戴季陶的反共文章发表后，陈延年等也及时领导共产党人予以批驳。由于陈延年等区委同志对右派坚决斗争，使广州和广东充满了反对右派的革命气氛，吓得西山会议派分子和戴季陶等新右派分子不敢回广东。

1926年1月，国民党第二次全国代表大会在广州召开。大会召开前夕，国民党右派的御用工具孙文主义学会分子，阴谋在大会上捣乱，还计划在会前举行示威游行，反动气焰十分嚣张。

对于孙文主义学会分子阴谋破坏国民党"二大"召开的反动行径，陈延年及时召开了有关会议，研究对策。他认为对孙文主义学会分子"绝对不能妥协让步，一定要对他们进攻"。会议还决定：一方面要限制他们用"孙文主义学会"名义提出各项提案；一方面迅速联络团区委、省港罢工委员会、广州工人代表会等团体，动员全市党团员一起出动，制止所在单位的群众参加孙文主义学会发动的集会游行；同时决定在国民党"二大"开幕之日，发动全市各界群众举行示威游行，进行针锋相对的斗争。结果，参加广东区委发动的元旦大游行群众达十余万人，而参加孙文主义学会发动的游行者仅寥寥一千余人，且大部分都是教会的学生，相形之下，"真有天壤之别，亦使反革命派为之丧胆"。由于陈延年及时采取了对策，打击了孙文主义学会的反动气焰，使国民党"二大"得以顺利召开。

国民党"二大"之前，左派和右派的斗争已非常尖锐。在陈延年等主持下，广东区委开会研究出"打击右派，孤立中派，扩大左派"的方针，计划在国民党"二大"会议中彻底打击右派，使"我们党员占三分之一，少选中派，多选左派，使左派占绝对的优势"。陈延年将商定的意见报告党中央，准备待中央电复后，才正式在大会贯彻。但是陈独秀竟来电不同意这个计划，认为在革命统一战线方面，应实行让步政策，主张把国民党右派选进国民党中央委员会去。陈独秀在上海还请戴季陶、孙科等回广州参加国民党"二大"，又派张国焘、彭述之为大会的中共党团正副书记，以贯彻其右倾退让政策。对陈独秀等人的做法，陈延年、周恩来、毛泽东等非常气愤。大会开幕之日，广东区委发表了《对中国国民党第二次全国代表大会宣言》，指出："国民党中旧有之反革命势力在淘汰之列，因为他们的利益与革命相反的。国民党既然成为真正的指导革命的团体，决不能与他们相容。"宣言还"希望第二次大会能使国民党在左派领导之下，发展成一个群众的政党，能使广东的革命基础扩大到全国"。

由于陈独秀等人一意孤行，向右派作了很大的让步。结果，当选的 36 名执委中，共产党员只有 7 人，中派和右派却占了 15 人，连本来应当开除党籍的戴季陶等右派分子也被选进中央执行委员会，并把原来在国民党内地位不高的新右派蒋介石选为中央执行委员。在监委中，右派更是占了绝对优势，因此"形成了右派势力大，中派壮胆，左派孤立的形势"。这就为国民党新右派蒋介石篡夺国民党中央的领导权，以至日后实行反革命政变提供了有利条件。

陈延年对陈独秀等人的右倾妥协退让政策十分不满。国民党"二大"后，他以广东区委名义给中央写了报告，指出陈独秀等人的做法不当，主张改用向国民党右派进攻的策略。但陈独秀等人却拒绝了广东区委和陈延年的正确意见。

陈独秀等人的妥协退让政策果然助长了国民党右派势力的嚣张气焰。3 月，新右派蒋介石一手炮制了中山舰事件，向共产党突然袭击，这是他们向无产阶级争夺领导权的反革命信号。

事件发生后，陈延年召开了区委紧急会议。当时，陈延年和周恩来都支持毛泽东反击蒋介石的正确主张。陈延年在会上说："我是同意毛润之的意见，对蒋介石来一个回击，无奈中央害怕影响团结，怕吓退国民党资产阶级，硬不同意。"他还气愤地说："蒋介石有军队，我们有群众，不怕他，任他怎样跳，怎么也跳不出如来佛的掌心。"会后，他授意张太雷就中山舰事件为广东区委草拟了一封《公开信》，揭露帝国主义及国民党右派"造谣诬蔑，破坏联合战线"，"分裂国民党及排除党内革命分子"，"企图使国民政府丧失工农群众的拥护，以动摇它的基础"的阴谋，而且还表示"共产党决计不因为敌人的造谣而放弃革命的工作"。

然而，这次又遭到陈独秀等的反对和阻止。陈独秀认为事件是我们党"该退让而未退让的结果"，极力主张和国民党谈判解决，还强迫广东区委阻止群众举行示威抗议行动；又派张国焘来广东贯彻他的意见，要求大家一致遵行，对蒋介石实行让步，对内对外言论和行动不可有参差。陈独秀还指责"广东工农运动搞得太左"，要求广东区委"不要轻举妄动，以免破坏联合战线"。

他还提出"办而不包，退而不出"的所谓八字方针，实际上是要共产党人完全放弃革命领导权，处于消极被动的地位。结果就这样丧失了反击的大好时机，使以蒋介石为首的新右派的反革命阴谋得逞，从此种下导致大革命失败的祸根。

陈延年对陈独秀的妥协让步政策十分气愤。他曾在一次区委会议上说："苦力主义是要不得的……老头子糊涂极了，他不相信工农群众的力量，对蒋介石破坏国共合作，排斥共产党人的阴谋视而不见，不敢跟国民党右派斗争，将会把革命断送。……决裂就决裂嘛！为什么一定要采取让步政策呢？"他接着又强调说："我和老头子是父子关系，但我是共产党员，坚决站在党的立场，反对右倾机会主义的妥协退让政策！"

时隔两月，5月15日，蒋介石又在国民党二届二中全会抛出了旨在排斥共产党、分裂国共合作的整理党务案。当时参加会议的共产党人和陈延年等区委同志都极力反对，但张国焘按照他同陈独秀商定的让步方针，强要大家签字，以极不正当的手段强迫共产党人接受。陈独秀等接二连三对右派妥协，作了三次大让步，成为导致大革命失败的重要原因。对陈独秀右倾机会主义的错误主张，陈延年一再反对和抵制。5月23日，他授意张太雷就整理党务案为区委草拟了宣言，揭露"帝国主义者及一切反革命派百般阴谋破坏革命势力，尤以国民党为其破坏之主要目的物"，同时还重申"共产党永远以革命利益为前提"，号召"革命势力团结起来，打倒反革命的分裂阴谋"。陈延年还曾在区委会议上，尖锐批评陈独秀"在行动上始终不敢同国民党右派作斗争，将会把革命断送"。

整理党务案发生后，蒋介石乘机解散了广东的青年军人联合会和孙文主义学会，并迫使共产党员从国民革命军第一军以及黄埔军校撤出。结果，已经暴露了身份的共产党员二百五十多人退出了国民党和国民革命军第一军。但黄埔军校的党组织请示广东区委是否要按整理党务案规定，将该校参加国民党的共产党员名单交给国民党时，陈延年斩钉截铁地指示："一个都不要向所在国民党党部表态，尤其是一向没有暴露共产党员身份的人，更应保持常态，不理睬国民党右派的无理要求。"黄埔军校的党组织将陈延年的意见转达各支部，结果大家都不理会蒋介石的命令。

陈延年等区委同志考虑到被国民党中央及国民革命军第一军退出的共产党员的安置问题，于是，区委属下的军事委员会政治训练部在广州大佛寺举办高级政治训练班，吸收了从第一军及其他部门被排挤出来的共产党员入班学习，培养高级政治干部，以满足北伐中政治干部的需要。学员按军事编制编成几个队，实行军事管理。训练班于1926年5月22日开学，以周恩来为班主任。

训练班于7月结业。学员毕业后，分派到参加北伐的国民革命军第二军、第四军、第六军中任职，他们在北伐战争中起了重要作用。

在中山舰事件和整理党务案后，广州地区有些不够坚定的党团员产生动摇畏惧情绪，甚至有个别人请求退出或改名。陈延年指示区委和团区委及时开展清党、清团运动，把那些动摇分子清查出去。广州地区原有团员一千一百多人，经过清查后，尚存一千人，其中正式团员五百人，从而纯洁了队伍，坚定了同志们革命的决心。与此同时，他又指示各地党组织，要普遍发动农民运动，加强农民自卫军的建设。当汕头地委书记罗明举办东江农工训练班时，陈延年指示他"要发动工农运动，同国民党右派进行斗争；要加强工农武装，如果国民党右派损害工农利益，就同他斗争"。

陈延年还从广东区委抽调骨干加强黄埔军校中党的力量，向他们提出：要"团结左派，拉拢中间力量，反对极端势力，积极宣传孙中山关于联俄、联共、扶助农工的三大政策和国民革命运动，加强军校政治教育工作，培养配备国民革命军各军的军事政治骨干与后备力量"。

陈延年在积极坚持革命统一战线，反对国民党右派篡夺革命领导权，以及反对陈独秀右倾妥协让步等原则问题上，一直态度鲜明，立场坚定，给同志们留下了极其深刻的印象。

→ 有效调配，支持北伐

★★★★★

（28 岁）

　　以蒋介石为首的新右派的进攻和我党陈独秀等人的退让，虽然使革命局部受挫，但广东和全国的革命形势仍在继续高涨，随着全国革命形势的发展及广东革命根据地的统一和巩固，进行北伐战争的时机已经成熟。

　　1926 年 2 月 21 日至 24 日，中共中央在北京召开了特别会议，着重讨论和研究推动国民政府北伐等问题。陈延年出席了这次会议，坚决赞同和支持推动北伐的决定。他回到广东后，积极贯彻党中央特别会议精神，加速北伐的准备工作，进一步推动革命形势的发展。4 月 2 日，国民党中央委员会在广州召开第十七次常务委员会议，邀请广东区委派代表参加，讨论国民政府出师北伐问题。

会上，广东区委代表发表了《关于国民革命的声明》，极力提出北伐的主张，表示共产党和工农群众决心投入北伐战争，以求得全国革命的胜利。广东区委代表还主动提出以共产党员为骨干组成的国民革命军第四军叶挺独立团作为北伐先遣队先行出师的主张，获得会议的一致赞同。

在中国共产党的积极推动下，1926年7月9日轰轰烈烈的北伐战争开始了。7月12日，中共中央在上海召开了四届三次扩大执行委员会议，研究北伐进军中党的政策等问题。会上，陈独秀、彭述之等人对无产阶级的领导力量抱怀疑态度，夸大资产阶级的力量。他们没有提出党应如何积极参加和领导这场战争，而对蓬勃兴起的农民运动则诸多指责。陈延年等区委同志则与陈独秀截然不同，几年来，他们为出师北伐做了大量的准备工作，积极主张广泛地发动工农群众，开展反帝反封建的革命斗争，作为北伐的坚强后盾。为了要发动农民起来支持北伐战争，他还主张在北伐进军中要提出"分配土地给农民"的土地革命口号，以期动员广大农民参加北伐。陈延年这些主张是完全正确的，但陈独秀拒绝接纳他的意见。

北伐军在广州出发前，陈延年号召在北伐军中的党员和团员要做英勇战斗和爱护人民的模范；他还亲自动员和组织三千多名省港罢工的工人担任运输、宣传、卫生等工作，同时发动西江各地数万农民赶来协助北伐军运送各种物资。当北伐军从广州出发时，陈延年发动各级党组织和群众团体热烈开展联欢

△ 1926年7月9日，省港罢工委员成立北伐运输委员会，组织了三千余人的运输队以及宣传队、卫生队、交通队、慰劳队随军出征。

活动，组织铁路交通队帮助运输军队，发动粤北各地群众为北伐军送茶送饭、组织担架队、担任向导。陈延年高度赞扬工农群众的革命热情，对省港罢工委员会的代表说："工农群众的热情真高啊！争着报名随军，他们都说，天天喊打倒帝国主义，打倒军阀，现在去打了，为什么不让我们当兵拿枪去跟他们拼呢？"他接着说："我们有这么多有组织的工农群众，只要领导得好，军民联合起来就行了，何况现在是全国人民反帝反军阀的高潮时候嘛！"

栖梧老人在《回忆陈延年烈士》中提到：陈延年还和周恩来等商量，将被蒋介石排挤出来、经过在"高级政治训练班"学习过的黄埔军校学员及国民革命军第一军的政治工作人员，分派到北伐军各军和长江流域各省工作，以加强各军及北伐前线各省的北伐力量。

北伐军出师后，陈延年留在广东，继续领导广东区委工作。他日夜奔忙，积极领导两广地区的革命工作，大力支援北伐战争。他经常到苏联顾问处与鲍罗廷以及张太雷等人洽商工作；又和国民政府各方面有关人员协调解决北伐进军中所出现的各种问题；并对国民党右派以及豪绅地主等破坏北伐、破坏革命统一战线的种种活动进行不懈的斗争。

北伐军的节节胜利，动摇了英帝国主义在长江流域的统治地位。为了破坏省港罢工运动和牵制北伐进军，1926年8、9月，英帝国主义悍然派兵在广州沙基登岸挑衅。9月5日，英帝国主义还在四川万县制造了骇人听闻的万县惨案。英帝国主义的一系列暴行，激起了中国人民强烈的愤怒和声讨。陈延年、邓中夏等人发动和组织了各界群众举行示威游行。9月12日和10月29日广东区委先后发表了《反对英国炮舰政策宣言》和《为万县惨案告广东人民书》，斥责英帝国主义的野蛮行为，揭露其破坏北伐的罪恶目的，号召全国人民起来反对英帝国主义的炮舰政策。

国民革命军出师北伐后，在广东的国民党右派借口"一切为了北伐战争"，限制工农群众运动的发展，制造了一系列压制和破坏群众运动的事件。陈延年和区委其他领导人，针锋相对地领导工农群众同国民党右派进行了坚决的斗争。陈延年还曾以"林木"为笔名发表《忍不住了！》来批驳国民党右派分子对工农群众运动的攻击，文中指出："我们在许多的事实里，只看见被压迫的劳苦群众仅仅为要求团结而牺牲，为稍稍改善其惨苦的生活来参加国民革命而牺牲，并找不到一件事实可以证明他们是只顾自己一部分的利益，不顾整个革命的利益；更找不到一件事实可以证明他们是在一个革命的领导之下进行这种斗争，妨害了整个革命运动；更找不到一件事实可以证明他们得了自己的利益，就不肯努力整个的国民革命运动。""适得其反，只能证明他们的奋斗、他们的牺牲、他们在国民革命中为其应得的利益斗争时，同时推进了整个的革命运动，增加了整个革命力量。"当时国民党右派的反共气焰日益嚣张，一些在地方从事工农群众运动的同志，担心用以训练工人纠察队和农民自卫军的枪支，可能会被当局收缴，特来广东区委请示如何处理，陈延年对他们说："掌握在工人、农民手里的枪支武器，应好好地保管，必要时应埋藏起来，决不能被反动派夺走。"

国民政府北迁武汉后，广东当局加紧了对工

农群众运动的压制，纵容各地地主豪绅、民团与驻军勾结，捣毁农会，杀戮农民，摧残群众运动。1926 年 12 月 6 日，国民党中央政治委员会在右派控制下，颁布了关于限制罢工及处置工会纠纷的布告，为国民党右派分子进一步镇压工人运动，提供了法律根据。陈延年和邓中夏、苏兆征等人磋商，决定以中华全国总工会、省港罢工委员会以及广州工人代表会名义，联合发表声明，反对这一布告，并组织代表向国民政府请愿。经过广大工人群众的坚决斗争，这一布告未能实施。

1927 年春，正当蒋介石加紧同帝国主义、买办资产阶级相勾结，准备公开叛变革命的时刻，3 月 16 日，陈延年召开广东区委会议，研究了当前局势，接着区委联合各群众团体发表了《对时局宣言》，揭露国民党右派与帝国主义和封建军阀相勾结，阴谋扼杀革命的行为，并指出："对于与日本帝国主义和北方军阀的妥协，无论以任何口实，丝毫都是不容许的。"

在北伐战争中，参加北伐的我党同志，均能英勇善战，攻无不克。而蒋介石直属第一军因排斥共产党人，则造成贪污腐化，士气低落，风纪败坏。南昌一役，王柏龄师溃不成军，使蒋介石反动逆谋不能得心应手。陈延年的安排布置对 1927 年的革命高潮起了决定性的作用。

坚持战斗于白色恐怖中

（1927）

➡ 临危受命

（29岁）

1927年春，党中央决定在武汉召开党的第五次全国代表大会，陈延年被选为广东区出席"五大"的代表。3月底，陈延年握别区委的同志们，率领出席中共"五大"的广东代表团赴武汉。途中，陈延年与代表们目睹湖南农民运动的蓬勃发展，受到了极大的鼓舞。

陈延年到达武汉时，正是国民革命形势即将发生重大变动的前夜，以蒋介石为首的国民党右派的反共活动也日趋公开化。此时，无论是中共中央，还是远在莫斯科对中国革命进行指导的斯大林和共产国际，也都感觉到了形势的严峻，并陆续采取了一些措施，试图遏制国民党右派，避免形势发生逆转。

△ 在武汉召开的中国共产党第五次全国代表大会旧址

　　然而以陈独秀为代表的右倾机会主义者，却害怕与国民党右派分裂，一味迁就退让，制止讨蒋反蒋。4月5日，陈独秀竟与汪精卫联合发表了一个《汪陈联合宣言》，更加助长了蒋介石的反革命气焰，成了蒋介石加紧部署反革命政变的烟幕弹。

　　陈延年到武汉，主要是为了出席中共"五大"。谁知他抵达武汉不久，在武汉的中央领导人就决定派他和李立三、聂荣臻等人火速赶到上海，传达中央关于开展反蒋斗争的指示，组织特别委员会，讨论江浙区委贯彻中央决议案的具体计划。因为中共中央已经意识到，蒋介石正在上海加紧进行反革命政变的准备工作，形势已经发展到了一触即发的危险境地。

陈延年衷心拥护这次会议的决定。他接受任务后，即与李立三等从武汉动身去上海。临行前，他一再嘱咐广东代表团的同志要认清形势，作最坏打算。他还找到安徽省代表团的周范文，要他同柯庆施研究一下，向中央提出成立安徽省临委，以领导安徽各地党组织和工农革命运动。后经中央同意，安徽省临委于5月下旬正式成立，这对于恢复和发展安徽省的党组织，在困难条件下与国民党反动派作斗争，起到了重大作用。

陈延年等人在去往上海途经南京时，获悉蒋介石已举起屠刀，在上海发动了四·一二反革命政变。他们立即连夜乘火车赶到上海。几经周折，才找到江浙区委书记罗亦农及赵世炎等人。

当时上海已被白色恐怖笼罩着，革命者的尸体布满大街小巷，烈士们的鲜血染红了黄浦江水。目睹这一切，陈延年满腔悲愤地投入了反击国民党反动派的斗争。为了迅速传达中央精神，部署江浙区的反蒋斗争，4月16日由李立三主持，召开了第一次特别委员会会议。陈延年具体分析了当前的形势，指出：在政治上，我们应趁资产阶级政权尚未牢固前打击蒋介石，才有胜利的希望；如果再延缓，资产阶级的政权一经稳固，我们就无法可打。在军事上，武汉方面第一、第七军可开拔南下，他们预备四万支枪到南京。

经过讨论，陈延年、周恩来、罗亦农、赵世炎、李立三等共同签署由周恩来草拟的《迅速出师讨伐蒋介石》电文，并致电中央。电文科学地分析了四·一二以后的国内政治形势，提出了促使武汉政府"迅速出师，直指南京"、东征讨蒋的正确主张。当时，以陈独秀为首的党中央和武汉政府对东征讨蒋问题一直犹豫不决。他们强调先北伐，待北伐军占据京津后，再讨伐蒋介石。但若按此方针，则革命必将为蒋介石扼杀，更谈不上继续北伐。因此电文强调指出："蒋氏之叛逆如此，苟再犹豫，图谋和缓或预备长期争斗，则蒋之东南政权将益固，与帝国主义关系将益深。"电文还准确地分析了当时敌我力量对比，说明只要下定决心，胜利是有把握的；否则"彼进我退，我方亦将为所动摇，政权领导尽将归之右派，是不仅使左派灰心，整个革命必根本失败无疑"。但是，由于陈独秀等坚持右倾投降主义错误，拒绝接受周恩来、陈延年等人的正确意见，因而一再丧失了挽救革命的时机。

在此关键时刻，陈延年与周恩来、赵世炎等一起严厉批评了陈独秀"指导无方"、争取无产阶级领导权"没有决心"、一味妥协退让的右倾错误。4月18日，在特务委员会召开的第二次会议上，陈延年再次据理批驳了陈独秀"先北伐后反蒋"的错误主张，提出务必要"乘蒋势力未稳固前打倒他"，呼吁"沪区同志集中力量准备反蒋"。他还提出"应即规定具体的计划，尤其要共同讨论一个政纲"。在军事方面，他认为"不能简单地希望武汉来，而是上海也要自己有工作"。他强调指出："国民党、农民等工作都很重要，也要特别提出研究。"

陈延年这些正确的意见虽然未能为陈独秀所接受，但对于江浙区在白色恐怖下组织和发动反蒋斗争，具有重要的指导意义。

→ 领导中共江浙区委斗争

4月22日，李立三、罗亦农等离开上海
到武汉出席党的"五大"。陈延年则根据中央
决定留在上海，接替罗亦农担任江浙区委书
记的职务。尽管因上海工作需要，他未能出
席"五大"，但还是被选为党的五届中央委员
和政治局候补委员。

陈延年担任中共江浙区委书记，可谓受
命于危难之际。由于蒋介石在江浙和上海地
区疯狂地"清党"，大批优秀的共产党员惨
遭杀害，上海的党组织和工会组织也遭受到
了前所未有的破坏。面对着如此险恶的形势，
陈延年毫不畏惧，勇敢地承担起重整旗鼓的
重任。他立即与担任区委组织部长的赵世炎
一起，开始为恢复被摧残的党和工会组织日

夜奔忙。

当时，各级党组织已转为极端秘密的状态，党内一部分动摇分子产生了消极恐惧情绪以至离开党的组织。而另一些人却产生"左"的倾向，空喊"蒋介石的政权只能维持三个月"，不愿做艰苦深入的群众工作，也不愿意打入国民党刚建立起来的工会组织中去争取群众。陈延年坚持党的正确路线和原则，既反对因革命失败而丧失信心、消极动摇的右倾情绪；又反对盲目乐观，不承认革命遭受挫折，不愿做艰苦工作，只求蛮干的"左"倾思想。他主张到群众中去做艰苦细致的发动工作，同国民党左派建立反蒋的联合战线，利用一切公开的或秘密的形式进行斗争。陈延年这一正确主张，得到赵世炎及区委其他负责人的支持，从而使上海及江浙区党的组织很快地得到恢复，并能够在极端恶劣的环境中开展工作。

为了方便工作，5月初陈延年搬到赵世炎家里居住。陈延年与赵世炎是并肩战斗多年的战友。此次陈延年接任江浙区委书记后，赵世炎仍任区委常委、组织部长。陈延年与赵世炎经常夙夜不懈，共谋大计，常常利用早饭前后的时间商谈工作，饭后即分头外出活动。陈延年除负责整个江浙区党组织的恢复工作外，还直接抓与国民党左派的统战工作。他时而去秘密的区委机关部署工作；时而去找失散的同志谈话，使绝大多数同志都能在白色恐怖中立场坚定，不畏艰险，坚持斗争，恢复和重建党和工会各级组织；时而又去登门拜访一些国民党左派人士，商量组织革命统一战线问题。在陈延年的积极活动下，上海有很多国民党左派表示愿意同中共合作，共同反对蒋介石的倒行逆施。当时国民党上海特别市党部有一名投靠蒋介石起家的部长，此人专门派遣特务监视和杀害国民党左派和进步人士，对统战工作妨碍极大。陈延年与赵世炎等商量对策，决定派区委组织的"打狗队"，除掉这条恶狗。没过几天，"打狗队"便将这个坏家伙秘密处决了。

四·一二反革命政变以来，不仅上海的党组织被破坏，江浙地区各级党组织也陆续被破坏，大批党员遭屠杀。在"四·一二"后的一个多月里，南京地委就曾三次遭到破坏。为了恢复南京地委，陈延年经过反复考虑，选派了一位得力干部任南京地委书记。出发前，陈延年向他讲述了恢复南京地委的重要意义，并布置了具体任务。陈延年还语重心长地说："一个共产党员，特别是党的干部，不仅要在革命顺利时积极工作，在革命遭受挫折时更应该立场坚定，勇挑重担。"同时他还指出在斗争中一定要注意策略，要做艰苦深入的工作，争取尽快打开新局面。这位同志一直将陈延年的谆谆嘱咐铭记在心，激励他为恢复和发展党的组织而积极工作。

陈延年将自己的生命安全置之度外，而对党组织和同志们的安全却非常重视。当时有些人不适应秘密工作的环境，缺乏必要的警惕性。对此，陈延年一再提醒大家要时刻提高警惕，强调指出：保存自己就是为了打击敌人，完成党交给我们的任务；暴露自己就等于帮助了敌人，减少了革命的力量。起初，区委在四川路就设有好几个党的秘密机关，而各机关的距离也都很靠近；如果一处发生意外，则势必危及其余。陈延年发现这一情况后，立即采取果断措施，将各机关分别迁移他处。

我党地下某处机关被破坏，有位住在机关里面的工作人员因外出而脱险，但经他保管的党的经费还放在屋子里，因而十分焦急。过了几天，他看没什么动静，便擅自回住地取钱。当时虽未发生危险，但陈延年知道后仍十分严肃地批评了他，指出这样做是违反党的纪律和秘密工作原则的。陈延年说："你冒着生命危险去取东西，这不能讲不对。但你这样做，对党却是很危险的。损失几百元钱总是有限的。但如果一出了事，被敌人逮捕了，那就会给党带来很大的麻烦。当然，我们相信你不会叛变。但你是交通警卫，你若出事，就牵涉到党的许多机关，组织就要做很多工作，这将造成多大的损失。"陈延年谆谆善导，其入情入理的批评，使这位同志感动得哭起来，表示今后一定吸取教训，不再麻痹大意。

在此期间，由于革命任务异常繁重，陈延年往往日以继夜地拼命工作，毫不顾惜自己的身体。当时他住在赵世炎家里，赵世炎很关心他的健康，一再叮嘱爱人夏之栩要在生活上好好照顾他，说："陈延年同志是一个只知道工作，不知道生活的人，工作起来常常废寝忘食。"赵世炎夫妇常常劝他要注意身体，陈延年总是笑着说："不要紧，我能挺得住。"

有一次，在广东从事革命活动的谭天度来到上海找寻党组织接头。陈延年接见了他，并向他了解广东方面的情况。当他听到广州自四·一五反革命政变以来，有不少与自己共同战斗过的同志遇难时，心里十分难过。他说："我们这次受到严重的损失，就是由于思想幼稚，斗争经验不足，这些血的教训应好好地记取。"当陈延年了解到谭天度准备到武汉去时，就鼓励他说："共产党员到什么地方都是搞革命。我们不要为敌人的淫威所吓倒，不要因革命的暂时失利而气馁；革命斗争是长期的，广大的工农群众是我们的，只要我们善于总结教训，最后的胜利，不是属于敌人，而是属于我们。"

由于陈延年和赵世炎等同志的正确领导和不懈努力，在短短的时间里，遭受严重破坏的党和工会组织很快就恢复元气，开创了新的斗争局面。

黄浦江边壮烈献身

（1927）

➡ 被捕不屈

就在陈延年为革命忙碌奔走时，不幸却像恶魔一样悄悄降临了。1927年6月16日因一名交通员被捕，暴露了江苏省委所在地。当时正在举行江苏省委成立大会，刚被任命为江苏省委书记的陈延年立即与王若飞等商量，决定会议提前结束，并告诉大家要格外提高警惕，接着与会者纷纷离开机关。下午3时左右，陈延年等因惦记省委机关的安全，先在暗处观察周围动静，见没有什么异样，便冒险进门，焚烧办公室内秘密材料。但不久，便被大批军警包围了。陈延年无法逃脱，便以桌椅板凳与敌人搏斗，并示意其他同志设法逃离。陈延年的头被打破，牙齿也被打落，鲜血淋漓，由于寡不敌众，结果陈延年、

△ 在血雨腥风中经受严峻考验的中共江苏省委。图为中共江苏省委机关旧址（施高塔路恒丰里104号，今山阴路恒丰里90号）。

郭伯和等四人同时被捕。

当时陈延年穿得非常破旧，而且衣服上油渍斑斑，他说自己是被雇来烧饭的厨师，敌人也信以为真。党组织得悉陈延年等被捕后，没有暴露身份，便指示济难会中的我党同志，通过关系疏通敌办案人员，商定以800元将陈延年赎出。

然而，一件意想不到的事情使整个营救计划落空。陈延年的早年好友、上海亚东图书馆的经理汪孟邹得悉陈延年被捕的消息，心急如焚，决定托人打通关系冒死相救，但一时找不到门路。此时恰好胡适到了上海，亚东图书馆曾为他出版过《胡适文存》，于是汪孟邹便请胡帮忙营救陈延年。胡适也是安徽人，又是陈独秀在北大的老同事，因而答应想想办法。这时的胡适还未完全投靠蒋介石，手中亦无权力，便写信给他的老朋友吴稚晖，他以为吴稚晖在国民党内有权有势，早年又很欣赏陈延年的才干，只要他肯出面，事情就能办成。但汪孟邹也好，胡适也好，他们谁也没有想到，吴稚晖得知陈延年被捕消息，大喜过望。吴稚晖在陈延年抛弃无政府主义加入共产党后，就曾咒骂"陈延年非杀不可"，此时立即写贺信给上海警备司令杨虎，在信中大骂陈延年"恃智肆恶，过于其父百倍"，竭力催促杨虎立即将其杀害。

本来杨虎并不知道他的手下已经捕获了陈延年，数月来，他一直派侦探跟踪搜捕。当他接到吴稚晖的信之后，他惊喜万分，立即驱车往龙华监狱提审陈延年。

陈延年在狱中不知道上述情况，更不知道一同被捕的韩步先已叛变投敌，所以审问时仍不承认自己的身份。狡猾的杨虎指令韩步先出来作证，这个可耻的叛徒竟当场指认了陈延年。陈延年气愤极了，大声痛骂韩步先的无耻行径。吴稚晖的告密和韩步先的叛变，使党组织的营救活动遭到失败。

➔ 英烈气壮山河

★★★★★

（29岁）

　　身份暴露后的陈延年受到软诱、重刑，仍不改其口，顽强反抗。陈延年的意志似钢，浩气如虹，他坚持了共产党员的气节，没有向敌人透露只字，也没有呻吟一声。1927年7月4日深夜，敌人在得不到任何口供的情况下，气急败坏地将陈延年押到龙华刑场，准备秘密处死。

　　对于陈延年的牺牲，原在上海工作的张维桢、苏爱吾后来曾作过如下的描述：

　　陈延年在临死的时候异常壮烈，当敌人要他下跪时，他直立不屈，并高呼口号，大义凛然地说："革命者光明磊落、视死如归，只有站着死，决不跪下。"虽被几个执刑的士兵用暴力将其按下，但当其松手挥刀时，陈延年即突然一跃而起，故这一刀并未砍着颈项，于是被凶手等按在地下用乱刀剁死。陈延年死后，敌人惨无人道地将他"五马分尸"似的斩成数块，蒋介石还下令不准收尸。

面对死亡，仍如此倔强，其宁死不屈、视死如归之精神和气魄，真可以惊天地、泣鬼神! 陈延年牺牲时，年仅29岁。他的牺牲极为壮烈，

△ 在其故乡安庆树立的陈延年雕塑

几十年来没有人知道他的遗骨埋葬在何处，但他的英名和他的革命功绩却永远铭刻在中国共产党和中国人民的心中，永远激励着人们胜利前进。

陈延年被害后的第二天，国民党反动派弹冠相庆，他们在报纸上大叫大嚷"铲除共党巨憝"，函电交驰，互祝"清党功绩"。然而，反动派虽能砍断烈士的身躯，却永远砍不掉烈士的伟大革命精神，更扑灭不了烈士播下的革命火种。

陈延年牺牲不久，赵世炎也因叛徒出卖而遭捕杀。党中央为了纪念陈延年、赵世炎等烈士，于1927年10月24日在党中央的机关刊物《布尔塞维克》第一期发表了《悼赵世炎、陈延年及其他死于国民党刽子手的同志》一文，指出："赵世炎、陈延年二同志之死，是中国革命最大的损失之一。中国无产阶级从此失去了两个勇敢而有力的领袖，中国共产党从此失去了两个忠实而努力的战士。"文章还高度评价了赵、陈二烈士对中国革命作出的伟大贡献，称赞陈延年是"粤港无产阶级有力的指导者"，号召全党同志继承烈士遗志，学习他们的革命精神，为推翻帝国主义国民党反动派的统治血战到底！

广东人民熟悉陈延年，怀念陈延年。为了更

好地学习陈延年等革命烈士的精神，1928 年 11月中共广东省委第二次扩大会议发出了关于《纪念死难诸先烈》的特别通告，把陈延年列在诸先烈名单中的首位。通告指出:陈延年等烈士"为了中国无产阶级与贫苦工农的解放流血，我们要踏着他们的血迹前进，以完成他们未了的志愿"。

后　记

陈延年成功的秘诀

陈延年一生虽然短暂，但他却没有虚度。在短短的两三年时间内，他把工农运动搞得有声有色，使广东区委成为第一次国内革命战争时期中国共产党最大的一个地方党组织。陈延年不仅以自己的卓越才能为中国革命作出了重大贡献，而且他那认真负责的工作作风和艰苦朴素的生活作风赢得了全党的尊敬和赞扬。革命时代虽然离我们很远，但我们可以从他身上所具有的特质中学习到成功的秘诀，作为人生指南，从而使我们在各个领域上能发挥得更好。

陈延年对同志满腔热忱，对同志的缺点错误，既严肃批评，又真诚帮助。他十分尊重区委其他负责同志以及在广东担负各种职务的干部，有事及时同他们磋商，从不独断专行。陈延年经常与毛泽东、周恩来、邓中夏、苏兆征等交换意见，研究斗争策略。陈延年曾多次称赞"恩来同志聪明英俊，是我们党很出色的政治家"；"中夏同志聪颖多智，是工人阶级很好的战略家"；"苏兆征党性很强，工作很踏实，是个优秀的工人领袖"；"恽代英是我们党一位卓越的能讲善写的政治宣传教育家"；"彭湃是一位很有号召力的农民运动领袖"。延年还多次前往慰问在家养病的林伟民。正由于陈延年和广东区委同志互相尊重，互相配合，因此区委的领导核心始终保持牢固的团结，大家同心同德，积极工作，从未发生无原则的纠纷，工作卓有成效。

在对待工作上，陈延年是一直都十分认真负责、一丝不苟。凡属重大问题，他都亲自过问。广东区委机关刊物《人民周刊》每期稿件付印前，他都要亲自审阅和修改，他还要细心地批阅各工作部门和各地方的书面报告。不论昼夜，他都随时接见各地负责同志，耐心地听取汇报和意见，反复和他们商讨和研究问题，然后作出决定性的指示。陈延年还经常深入到工厂、农村、学校等参加一些支部的重要会议或作调查研究。尽管白天工作十分繁忙，晚间还要参加各种会议和活动，走访各方面的负责同志了解情况，他还能抓紧时间读书看报，特别对工、农、军和各地报刊，看得很仔细，从中了解情况和发现问题。他时常提出问题与人研谈，得出结论，作为指导工作的细节资料。每天从早忙到晚，但他从不急躁，始终耐心细致，有条不紊。

陈延年从小就养成独立思考的好习惯。众所周知，在国民革命的后期，以陈独秀为首的中共中央犯了右倾机会主义的错误，并在对广东工作的指导中充分地反映出来。陈独秀既是他的父亲，又是他的上级，陈延年和广东区委本来理当完全听从父亲与中央的指挥。但他知道上海的有些指示并不正确，盲目执行势必对广东的工作造成损失。处于两难境地的陈延年经过冷静的思考，终于作出了比较明智的选择。他坚持了一条：从实际出发，决不盲从或机械地执行，而是根据广东的实际状况，具体对待。一方面，按照组织原则，陈延年不能不执行中央的决定；另一方面，他又保持清醒的头脑，积极地提出自己的看法，对一些明显错误的做法则毫不含糊地予以抵制。陈延年的鲜明态度和坚持原则的精神得到了广东许多党内干部的支持和称赞。在服从组织原则的前提下，始终坚持独立思考、决不盲从的态度，这确实很不容易。

在为人处事上，陈延年总是以党的利益为重，并以自己的模范行为教育群众。区委组织部有个干事，携带党费三千多元潜逃。陈延年知道后，一面组织有关同志进行追查，一面召开有关人员会议，对组织部长穆青进行严肃的批评帮助。穆青是陈延年在苏联东方劳动大学时的同学，交谊甚笃，但他从党的原则出发，严厉地批评穆青粗心大意，责任心不强。穆青在会上作了深刻的检讨，后来还受到了党纪处分。这件事给穆青本人及区委的工作人员以深刻的教育。

陈延年对待阶级敌人的界限极为明确。有一次，谈到国民党政治投机分子甘乃光的时候，他骂甘"下流"、"卑鄙"，怒形于色。有时，个别同志如果犯了原则性的错误，他婉转劝说，最后也会义正词严地批评他，直到听者心服口服为止。

陈延年从不作个人打算，从不讲究吃穿。他比一般党员、工农还要清苦，每月只领取和一般同志一样的生活费，领的生活费除了交伙食费和留下少量零用钱外，把余下的都交了党费，有时还把零用钱节省下来，捐给省港罢工委员会和广东妇女解放协会作经费。他身上穿的还是出国前那件破旧粗布的学生装，脚上穿的还是从国外带回来的一双旧鞋。同志们都劝他穿好点，他倒风趣地说："破衣破鞋是最好的保护，不会遭人耳目，谁也不会把一个瘪三当做一个党的干部。"不仅如此，他还经常把头发剃光，穿工人的服装，吃饭睡觉都和工友们在一起，简直同工人一模一样。他将全部精力都用于工作，在区委经常工作至深夜，有很长一段时间是在区委打散铺住宿的。当他深夜工作完毕，把帆布床和铺盖一打开，倒头便睡。有个俄国顾问曾打趣说："陈延年不但思想是无产阶级的，而且相貌也是无产阶级的。"

尽管他对自己要求严格，但他对同志、群众则处处关心。区委工作人员张振亚的爱人生孩子，经济比较困难。当时区委工作人员每月只领取十多元的津贴，仅够个人吃用。陈延年知道后，便特意叫管理财务的同志多发点津贴给张振亚，以解决他的实际困难。

在工作之余，陈延年跟人有说有笑的，对同志如同家人，思想行动上都绝对没有一点距离，没有见他发过脾气或骂过人。陈延年还深入联系群众，是群众的贴心人。他曾同人力车夫一起拉车，同工人一起干活，同铁路工人和海员工人一起谈心，与国民党官僚形成鲜明的对照，使群众看到，共产党人才是工人阶级真正的领导人。因此，陈延年能有力调动广大工农群众的积极性，为革命斗争提供坚实的后盾，他对工农运动和革命斗争所作出的努力和贡献是显而易见的。

陈延年从小就有崇高的理想，有远见，是一个革命乐观主义者。在对待四·一五反革命政变问题上，陈延年曾冷静地说："革命，血总是要流的，这次我们经验少，吃了亏，但也使我们对国民党反动派的本质认识得更清楚了，也把我们党锻炼得更精明刚劲了。人们常说：失败为成功之母，只要我们好好总结这些经验教训，我们就有胜利的希望。"陈延年对任何事没有感到没有办法，他对革命事业有坚强的信心，对革命工作具有艰苦卓绝的精神。

著名的省港大罢工，坚持斗争16个月之久，则更是国际职工运动史上光辉的一页。在这一系列轰轰烈烈的革命斗争中，陈延年紧紧把握着时机，表现勇敢决策的精神。他对阶级敌友的估计分析是清楚正确的，决策是智勇果断的，斗争的部署是沉着、深入、细致的，迅雷不及掩耳，攻敌无备，所以当时斗争胜利的结果能够达到或接近预期的目的。

正因为陈延年有如此多可贵的品质，才能成功地领导了一次又一次的革命斗争；正因为他出色的功绩以及对广东革命的巨大影响，而被誉为"广东王"。陈延年的优秀品质，永远值得人们遵循和学习，他的精神永远激励着人们向成功迈进！